NOTRE-DAME
DE MOULINS

GUIDE

HISTORIQUE, ARCHÉOLOGIQUE ET ICONOGRAPHIQUE

A TRAVERS LA

CATHÉDRALE

LES CHAPELLES, LES VITRAUX,
LES PEINTURES, ETC.

PAR

L. DU BROC DE SEGANGE.

CHEVALIER DE L'ORDRE DE PIE IX ET DE LA LÉGION D'HONNEUR.
MEMBRE CORRESPONDANT DU MINISTÈRE DE L'INSTRUCTION
PUBLIQUE POUR LES TRAVAUX HISTORIQUES.

MOULINS	PARIS
C. DESROSIERS	CHAMEROT
Libraire éditeur.	Quai Malaquai, 15.

MDCCCLXXVI.

NOTRE-DAME
DE
MOULINS

NOTRE-DAME
DE MOULINS

GUIDE
HISTORIQUE, ARCHÉOLOGIQUE ET ICONOGRAPHIQUE

A TRAVERS LA

CATHÉDRALE

LES CHAPELLES, LES VITRAUX,
LES PEINTURES, ETC.

PAR

L. DU BROC DE SEGANGE.

CHEVALIER DE L'ORDRE DE PIE IX ET DE LA LÉGION D'HONNEUR,
MEMBRE CORRESPONDANT DU MINISTÈRE DE L'INSTRUCTION
PUBLIQUE POUR LES TRAVAUX HISTORIQUES.

MOULINS	PARIS
C. DESROSIERS	CHAMPION,
Libraire éditeur.	Quai Malaquai, 15.

MDCCCLXXVI.

AVANT-PROPOS

n enfant du Bourbonnais aurait bien de la peine à reconnaître Moulins, s'il revenait aujourd'hui après vingt-cinq ans d'absence. Impatient de contempler à travers la portière de son wagon la silhouette de sa ville natale, il chercherait le grand toit de la cathédrale, celui de la Mal-Coiffée et le clocheton de Jacquemard qui, au moment de son départ, avaient seuls le privilége d'élever leurs faîtes aristocratiques au-dessus des autres habitations. « Evidemment, s'écrierait-il, le conducteur « du train se sera endormi et nous avons « changé de voie. Ces clochetons, ce clo-

« cher, ce dôme, cette coupole, cette grande
« église, cette cathédrale, ces flèches qui
« percent la nue, tout cela n'était pas dans
« le Moulins que j'ai laissé. » Et on aurait
de la peine à lui persuader qu'il est bien
réellement arrivé au but de son voyage et
qu'il va retrouver son domicile.

Ce serait bien un autre étonnement, lorsqu'en parcourant nos rues et nos faubourgs, il rencontrerait à chaque pas des sanctuaires nouvellement érigés ou rendus au culte, de nombreuses chapelles affectées à des congrégations religieuses, des maisons de refuge pour toutes les misères, misères morales et misères temporelles, de grandes maisons d'éducation adaptées à toutes les classes de la société et aux diverses professions ; établissements essentiellement religieux, qui constituent nos tributaires, non-seulement tous les départements voisins, mais encore les plus éloignés. « Par quelle baguette magique toutes
« ces merveilles ont-elles donc été opé-
« rées ? » s'écrierait encore notre voyageur.

« Si la foi, lui répondrait-on, peut, comme
« vous le savez, transporter les montagnes,
« elle peut aussi creuser les carrières, en
« tirer des blocs de pierre, les tailler, les
« modeler, les superposer les uns sur les
« autres, les monter, les monter toujours,
« en les dressant devant Dieu comme des
« prières toujours vivantes, comme des té-
« moins perpétuels de nos supplications
« de chaque jour. La foi peut opérer bien
« d'autres miracles dans l'ordre spirituel :
« avec l'énergie qui la caractérise, elle
« s'avance d'un pas sûr à travers les
« épreuves les plus douloureuses ; elle ne
« se laisse arrêter ni par les épines des
« buissons, ni par les tracasseries de ce
« monde, et bientôt, pétrissant toutes les
« volontés, subjuguant toutes les intelli-
« gences, surmontant tous les obstacles,
« elle parvient enfin à créer ces grands
« foyers d'édification et de lumières, ces
« belles écoles de la charité, de la vérité et
« de la justice qui transforment un pays
« tout entier.

« Pendant votre absence, la foi person-
« nifiée par une volonté ferme et pieuse,
« a élu son domicile dans nos murs ; voilà
« tout le secret des transformations qui
« sont l'objet de votre surprise. »

Je demande pardon au lecteur de cette digression qui pourra paraître étrangère au sujet que j'ai l'intention de traiter : *La Description de la Cathédrale de Moulins,* le plus important de tous les monuments que je viens d'indiquer ; mais ayant été moi-même éloigné de mon pays pendant de longues années, et ayant ressenti les mêmes impressions d'étonnement et d'admiration en face de tant d'heureuses modifications opérées pendant mon absence, j'ai tenu à les saluer ici avec le sentiment de la reconnaissance la plus profonde. Tous ceux qui aiment le Bourbonnais et apprécient le bien que l'on fait à ses enfants, me sauront gré, je l'espère, de ce coup d'œil rapide jeté à travers les vingt-cinq années écoulées, en songeant à la place considérable que ce souvenir rétrospectif, applicable d'ailleurs au diocèse tout entier, tiendra dans l'histoire morale et religieuse de notre pays.

Avant d'entrer en matière, je tiens de prime abord à constater que toutes mes appréciations me sont essentiellement personnelles, et que j'en accepte toute la responsabilité. Bien que les questions artistiques aient été une des grandes préoccupations de mes études et que mes impressions doivent être formulées avec la sincérité de la conviction la plus entière, je ne me dissimule pas que je puis commettre des erreurs ou émettre des jugements qui trouveront des contradicteurs. Je serai heureux d'accueillir toutes les rectifications qui me seraient signalées, pourvu qu'elles restent toujours sur le terrain de l'art et de l'archéologie dans lesquels j'ai l'intention de me renfermer exclusivement.

Je suis heureux en terminant de remercier M. Chazaud, archiviste du département de l'Allier, et M. Conny, bibliothécaire de la Ville. Ils se sont empressés de mettre eux-mêmes à ma disposition les riches dépôts qui leur sont confiés, et m'ont communiqué avec la bienveillance qui les caractérise, tout ce qui pouvait faciliter mes recherches. Je remercie également M. Vinson d'avoir bien voulu prêter le concours de son talent à l'exécution des planches qui étaient indispensables pour l'interprétation du texte.

N. B — Tous les passages en français de l'Ancien et du Nouveau Testament sont tirés de la traduction de l'abbé J.-B. GLAIRE.

— Dans les descriptions, les termes à *droite*, et, à *gauche*, ne se rapportent pas au spectateur, mais à l'objet que l'on regarde.

— Les numéros 1, 2, 3, etc. indiquent les *Vitraux*.

— Les *Capitales* A B C etc, indiquent les noms que portent les chapelles aujourd'hui.

— Les petites lettres *a b c* etc. indiquent les *anciens* noms des chapelles.

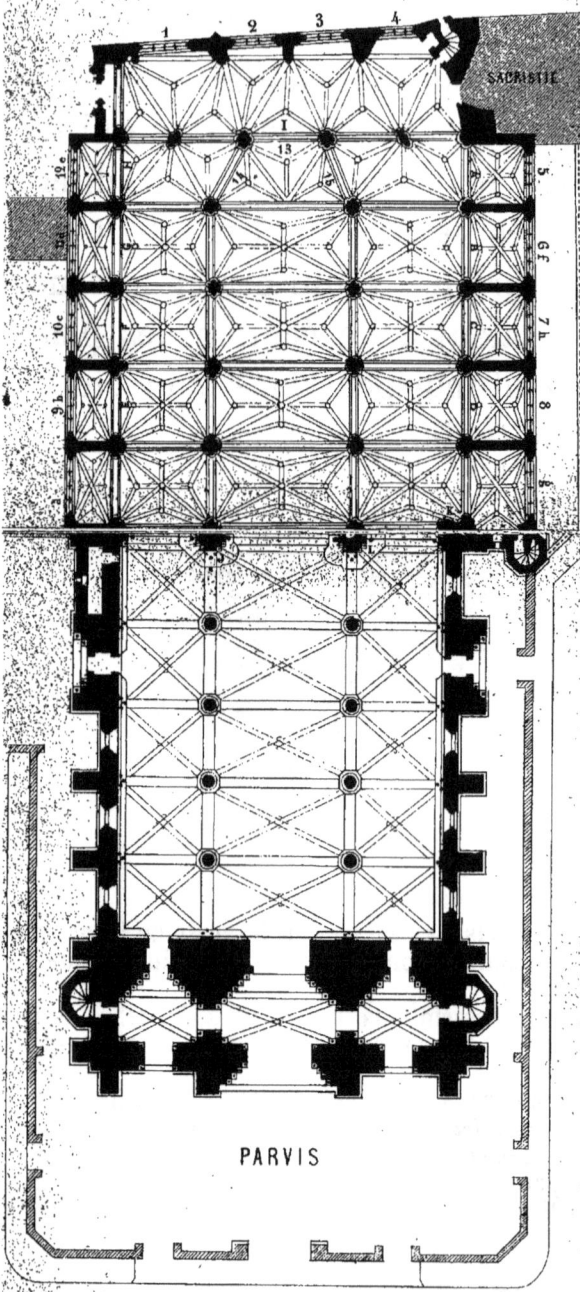

PLAN
DE LA CATHÉDRALE
DE MOULINS

PARVIS

F. Vinson del.   Échelle de 0ᵐ.0025 p. M.

NOMS ANCIENS DES CHAPELLES

a — du St-Esprit   f — de St-Nicolas
b — de l'Annonciation   g — Porte principale
c — de St-Michel   h — de Ste Geneviève
d — de St-Eutrope
e — de St-Hubert   K — Statue de St Pierre

ASPECT GÉNÉRAL

PARVIS, TOURS & FAÇADE PRINCIPALE.

Si la première condition pour un monument est d'accuser extérieurement sa destination, notre cathédrale satisfait largement aux conditions de ce programme ; en effet, quel que soit le point du paysage auquel on se place dans un périmètre de plusieurs kilomètres, chacun salue les belles flèches de la maison de Dieu, qui apparaissent comme ses jalons, plantés au centre de la ville épiscopale. Cette impression est la même pour tous ceux qui se dirigent vers Moulins, qu'ils arrivent du nord ou du midi, de l'est ou de l'ouest. Cet effet est dû

en grande partie aux architectes de la Collégiale qui, pour donner à leur édifice un aspect plus majestueux et plus imposant, avaient eu soin de l'asseoir sur la partie de la ville la plus élevée, d'où l'on domine les campagnes environnantes à une très-grande distance.

En se rapprochant du monument, l'aspect n'en frappe pas moins tous les regards, qui se reposent surtout avec une véritable satisfaction sur les grandes lignes architecturales de la façade.

L'architecte habile qui a présidé à cette construction, avant de nous faire entrer dans le sanctuaire, nous introduit dans un parvis, espace enclos qui précédait autrefois la façade des grandes cathédrales. Notre-Dame de Paris, la cathédrale de Reims avaient un parvis. Celle d'Amiens a conservé le sien. « C'était « dans l'enceinte du parvis, dit Viollet Le « Duc (1), que les évêques faisaient dresser « ces échelles sur lesquelles on exposait les « clers qui, par leur conduite, avaient scan-

(1) *Dictionnaire raisonné de l'Architecture*, t. v, p. 51.

« dalisé la cité ; c'était aussi sur les dalles du
« parvis que certains coupables devaient faire
« amende honorable. C'était encore sur le
« parvis que l'on apportait les reliques à cer-
« taines occasions et que se tenaient les clercs
« d'un ordre inférieur, pendant que le cha-
« pitre entonnait le *Gloria* du haut des gale-
« ries extérieures de la façade de l'église ca-
« thédrale. »

Aujourd'hui, le parvis n'est plus un espace réservé à la juridiction épiscopale, mais il a au moins l'immense avantage de préserver tous les abords des sanctuaires. Celui de la cathédrale a 13 mètres de profondeur en avant des marches du narthex ou du porche. L'entrée principale se compose de deux phares avec disposition intérieure pour recevoir une lanterne. Sur le bandeau en billettes de ces phares, on aperçoit des parties saillantes destinées à porter des pots de feu. Les autres entrées sont marquées par des pilettes portant un appui avec pinacles amortis par des fleurons.

Avant de faire la description de la façade principale, il est bon de dire quelques mots sur le style choisi par l'architecte. C'est ce-

lui de la première époque ogivale. « Au
« XIII⁰ siècle, dit Daniel Ramée (1), l'archi-
« tecture est franche, elle est maîtresse
« unique de la forme, la géométrie seule y
« domine. Elle ne doit pas son existence au
« concours de la sculpture qui, à d'autres
« époques, comme aux XV⁰ et XVI⁰ siècles, y
« devient l'élément dominant..... la sculpture
« ne s'aperçoit qu'aux chapiteaux fins et élé-
« gants, qu'aux corniches horizontales, gra-
« cieusement coupées par des lignes verti-
« cales, qu'aux voussures profondes des ar-
« cades, qu'aux archivoltes triangulaires
« d'encadrement des baies. C'est cet emploi
« sage et modéré de la sculpture dans les
« monuments du XIII⁰ siècle qui les rend si
« beaux, si élégants et si agréables par l'har-
« monie mathématiquement calculée d'après
« des règles invariables qui, négligées, ame-
« nèrent la décadence de l'architecture chré-
« tienne, pour se jeter dans le désordre que
« nous apercevons au XV⁰ et au XVI⁰ siècle. »

(1) *Manuel de l'histoire générale de l'Architecture,* 2⁰ vol.,
p. 232.

Tel est le style choisi par M. Millet. L'analyse de son œuvre prouvera qu'il en a fait l'emploi le plus judicieux et le plus monumental. Ce qui frappe surtout à l'aspect de cette façade, c'est qu'elle est bien la fidèle expression des dispositions intérieures de l'édifice. Ainsi, entre les deux tours, le vaste fronton triangulaire terminé par une croix, la grande rose, les arcatures au-dessus de la porte principale et la porte elle-même, forment un ensemble qui n'est qu'une section transversale de la grande nef, et les deux tours correspondent également à l'ouverture des basses nefs.

Etudions maintenant une de ces tours qui s'élèvent au-dessus du sol à 81° m. 61 croix comprises (1). Nous voyons qu'elle a une

---

(1) Nous donnons ici les hauteurs comparatives des clochers de nos cathédrales les plus importantes (flèches comprises) :

Strasbourg,		142 m.
Amiens,		134
Chartres,	Clocher neuf,	115
	Clocher vieux,	112
Reims,		83

forme prismatique carrée (B). Le grand problème était d'y asseoir sans une transition trop brusque, la forme pyramidale octogone (A) qu'affecte la flèche. Le problème avait été résolu depuis longtemps par l'architecte du vieux clocher de Chartres, et notre architecte en a tiré le meilleur parti. En effet, les espaces triangulaires entre les quatre angles de la tour et la base de la pyramide octogone, sont remplis par quatre clochetons (C), et les quatre pans de l'octogone qui correspondent aux quatre faces de la tour, sont accusés par quatre lucarnes pinacles (D). Cette disposition est telle, que l'œil le plus exercé ne saurait plus découvrir où finit la

Moulins,	81 m. 61
Orléans,	80 m. 60
Rodez,	80
Coutances,	74 m. 60
Saint-Gatien de Tours,	70
Notre-Dame de Paris,	68
Châlons-sur-Marne,	63
Nantes,	63
Saint-Ouen à Rouen,	53 m. 30
Nevers,	51 m. 80

CATHÉDRALE DE MOULINS
Architecte: M. MILLET

tour carrée et où commence la pyramide octogonale. Il est bon de signaler ici une modification heureuse apportée par M. Millet aux clochetons du vieux clocher de Chartres. Ceux-ci s'appuient en avant sur une colonnette et en arrière sur un petit massif qui les relient avec la colonnette et la pyramide octogonale. Ceux de la cathédrale de Moulins sont supportés par quatre colonnettes à jour, les deux extérieures viennent s'appuyer sur le bandeau (F) de la tour, corroboré au-dessous par deux autres colonnettes qui portent sur la naissance des contreforts (E), laissant un jour entre les parois de la tour carrée. Cette disposition rend les clochetons beaucoup plus légers.

La flèche a ses parements taillés en contre-imbrications et les arêtiers sont garnis de distance en distance de têtes saillantes qui, se découpant sur le ciel, donnent plus de légèreté aux lignes arides de la pyramide, surmontée d'une grande croix dorée aux bras fleuronnés.

A partir du bandeau (F) qui termine la tour, j'adopterai cinq divisions, limitées par les cordons transversaux afin d'obtenir une description moins confuse de ses diverses parties.

La cinquième division en descendant, comprendra ces grandes fenêtres géminées, à trois voussures, soutenues par des colonnettes élancées et appliquées sur les parois des ouvertures. Un peu au-dessus des lancettes de ces baies commencent les contreforts d'angles de la tour. Ces contreforts s'épaississant insensiblement jusqu'à sa base, lui donnent une assiette robuste. Au-dessous de ces fenêtres, toujours dans la cinquième division, une galerie ajourée par des arcatures à trois lobes, appuyées sur de petites colonnettes. Cette galerie interrompue seulement par les contreforts règne sur le corps principal et sert de garde-fou à la terrasse comprise entre les tours et le pignon de la grande nef. Au milieu de ce garde-fou, on aperçoit sous un dais s'appuyant sur des colonnettes surmontées de tours, une belle Notre-Dame (G). Elle est là comme le frontispice du sanctuaire qui lui est consacré, tenant l'enfant Jésus bénissant de la main droite.

En passant à la *quatrième division* toujours en descendant, on trouve deux arcatures géminées dans lesquelles sont inscrites deux petites roses quadrilobées. Les contreforts d'angles s'augmentent d'un pinacle triangulaire surmonté d'un fleuron.

Troisième division. Des niches au nombre de dix pratiquées dans les contreforts, contiennent autant de statues de saints ou d'évêques, appartenant presque tous au Bourbonnais. A droite de la grande rose, saint *Pierre* tenant un livre et des clefs. A gauche, saint *Paul* tenant une épée. A l'angle à droite, *Mgr de Pons*, crossé et mîtré, premier évêque de Moulins (1). A l'autre angle à gauche, *Mgr de Dreux-Brézé* (2), deuxième évêque de Moulins, crossé et mîtré, tient dans sa

---

(1) Mgr *de Pons* (*Antoine*), né à Riom, le 29 mars 1759, grand vicaire du diocèse de Clermont, sacré le 13 juillet 1823.

(2) Mgr *Pierre-Simon-Louis-Marie de Dreux-Brézé*, né le 2 juin 1811, nommé le 7 janvier 1850, consacré le 14 avril 1850.

Sa statue qui mérite une mention particulière comme pose et comme ressemblance, est de *M. Chenillon*, statuaire, qui a sculpté également celle de la Sainte Vierge, de saint Pierre, saint Paul, et Mgr de Pons.

main droite la Cathédrale, due à sa pieuse initiative, et qui a été la première et la plus constante préoccupation de son épiscopat. A la face sud de cette même tour, saint *Gilbert* (1) tient à la main le plan de l'abbaye de Neuffontaines dont il fut le fondateur. Saint *Mayeul* (2) tient une bourse de la

(1) Saint *Gilbert*, abbé de Neuffontaines, né au commencement du xiie siècle, d'une famille noble d'Auvergne. En 1147, il prit la croix et accompagna Louis-le-Gros en Palestine. Revenu dans sa patrie, il résolut de renoncer au monde. Il fit part de sa résolution à sa femme sainte Pétronille ou Péronelle, qui entra complétement dans ses vues ainsi que sa fille unique Ponce. Après avoir donné la moitié de leur fortune aux pauvres, ils employèrent le reste à fonder deux monastères, celui d'Aubeterre, dans lequel sa femme et sa fille entrèrent, et celui de Neuffontaines, où il entra lui-même. Aubeterre est à deux lieues environ de Gannat et de Saint-Pourçain et beaucoup moins éloigné de Neuffontaines.

Saint *Gilbert* mourut le 6 juin 1152.

Sa statue est de M. Alexis-Hippolyte *Fromanger*, sculpteur.

(2) Saint *Mayeul*, né à Avignon vers l'an 906. Célèbre abbé de Cluny, un des hommes les plus savants de son siècle. En 991, il choisit pour son successeur saint Odile ou Odilon, et ne s'occupa plus que des exercices de la péni-

main droite et un livre de la gauche. A la face Est de la même tour, saint *Léger*, évêque d'Autun (1), crossé et mîtré, tenant à la main la palme de son martyre.

tence et de la contemplation. Obligé cependant d'entreprendre, à la prière du roi Hugues Capet, le voyage de Saint-Denis, pour mettre la réforme dans cette abbaye, il tomba malade en route et mourut le 11 mai 994 dans le prieuré de Souvigny. Hugues Capet assista en personne à ses funérailles, fit de riches présents à son tombeau, et accorda entre autres privilèges aux moines de Souvigny, celui de battre monnaie. La charte de la concession accordait à Odilon et à ses successurs le droit de battre pour le compte de l'église de Souvigny des petites pièces portant le nom et l'image dudit confesseur *Mayeul*. La bourse que sa statue tient à la main, est sans doute le souvenir de ce privilége.

La statue de saint *Mayeul* est également de *M. Fromanger*.

(1) Evêque d'Autun (on sait que Moulins a fait partie de ce diocèse jusqu'à la Révolution). Saint *Léger*, après avoir été abbé de Saint-Maixent, fut appelé dans les conseils du roi Clotaire III par sainte Bathilde mère du jeune roi et régente. Nommé évêque d'Autun, il pacifia les troubles qui s'étaient élevés dans ce diocèse. A la mort de Clotaire III, la plus grande partie de la noblesse proclama *Childeric*, qui trouva en son frère *Thierry* un autre compétiteur à l'instigation d'Ebroin, maire du palais. *Thierry* ayant été forcé

Si nous passons à la face nord de l'autre tour, on trouve d'abord saint *Odile* ou *Odilon* (1), bénissant de la main droite et tenant un pain de la gauche. Après lui, sur la même

de se retirer, Ebroin ne dut la vie qu'à l'intercession de saint *Léger*. Mais après que *Childeric* eut été assassiné, Ebroin revint alors au pouvoir, et son premier acte fut de faire crever les yeux de saint *Léger*, de lui faire souffrir des tortures de toute espèce, et enfin d'ordonner qu'on lui tranchât la tête.

Ce saint a souffert le martyre le 2 octobre 678.

L'auteur de la statue de saint Léger est *M. Séraphin Denéchau.*

(1) Saint *Odilon*, abbé de Cluny, succéda en 962 à saint *Mayeul*. Pendant une famine qui eut lieu en 1016, il distribua des aumônes si abondantes, qu'il épuisa toutes ses ressources. C'est sans doute pour cela que l'artiste l'a représenté avec un pain à la main. Une institution qui suffirait seule pour immortaliser saint *Odilon*, c'est la fête de la Commémoration des fidèles trépassés, qu'il établit dans toutes les maisons de son ordre et qui de là est passée dans l'Eglise universelle. Il y avait quarante-six ans qu'il gouvernait l'abbaye de Cluny, lorsque se trouvant au prieuré de Souvigny occupé de la visite des maisons de l'ordre, il mourut en 1049, il était âgé de quatre-vingt-sept ans.

Sa statue est de *Gaudran Louis.*

face, saint *Menoux* (1), crossé et mîtré, tient une palme de la main droite. Et enfin, à la face est de la même tour, saint *Pourçain* (2)

(1) Saint *Menoux* était originaire d'Irlande. Après être entré dans les ordres, il fut choisi par le peuple pour être évêque de Quimper. Ayant résolu d'aller à Rome, il opéra ce voyage heureusement ; mais au retour, arrivé à Mailly dans le pays des Berruyers (le Berry), il annonça à ses compagnons qu'il était au terme de son voyage et qu'il allait mourir, il expira en effet quelques jours après. D'autres prétendent qu'il reçut le martyre en l'an 1000, dans ce même endroit de Mailly, qui a reçu le nom de Saint-Menoux. C'est cette dernière assertion qui est cause sans doute que le statuaire lui a mis une palme à la main.

Sa statue est de *Gaudran Louis*.

(2) Saint *Pourçain*, abbé en Auvergne, naquit vers le milieu du ve siècle et passa ses premières années en esclavage. Après avoir obtenu sa liberté, il prit l'habit monastique et fonda le monastère qui a reçu son nom et donna naissance à la ville de Saint-Pourçain. Lorsque Thierry, roi d'Austrasie, vint en 529 porter le ravage en Auvergne, saint *Pourçain* vint pour lui demander la liberté des prisonniers ; pendant qu'il attendait de pouvoir parler au roi, son général Sigivald lui demanda de vouloir bien bénir un grand vase rempli de vin qu'on venait d'apporter.

A peine avait-il imposé les mains et fait le signe de la croix, que le vase se brisa et il en sortit un serpent. Ce qui indiquait suffisamment que le contenu du vase était empoi-

bénit de la main droite un vase duquel s'élance un serpent.

Dans la façade principale, l'espace des *quatrième et troisième divisions* est occupée en partie par une belle rose composée d'œils quadrilobés, reliés entre eux *extérieurement* par six œils plus petits et trilobés, et *intérieurement* par six têtes saillantes d'une grande élégance.

Deuxième division. — Sur chaque face de la tour, deux arcatures étroites, trilobées, ajourées d'une barbacane. Sur la façade, cinq arcatures trilobées, appuyées sur des colonnettes qui forment un triforium extérieur.

Première division ou étage inférieur. — Portes donnant accès sous le porche. La plus grande a un pignon aux rampants bordés de crosses, surmonté d'un beau fleuron. A la pointe du pignon, œil aveugle trilobé. Voussures de la porte au nombre de cinq, très-simples, posant sur des cordons de billettes

---

sonné. C'est ce miracle de saint *Pourçain* que le sculpteur a voulu rappeler.

Saint *Pourçain* mourut dans un âge avancé vers l'an 540.

appuyés sur des petites colonnettes à chapiteaux à crosses. Au milieu de chaque tour, portes simples surmontées d'une petite fenêtre tréflée et quadrilobée.

Tels sont à peu près les détails de l'ensemble imposant qui forme la façade ornée en outre de nombreuses gargouilles et d'animaux plus ou moins fantastiques qui apparaissent de distance en distance sur la galerie supérieure.

Les tours qui empruntent une grande légèreté aux flèches, paraissent fortement enracinées dans le sol, grâce aux vigoureux contreforts d'angles qui assurent leur solidité. Je ne veux pas oublier de signaler l'heureux mélange de la pierre noire de Volvic et de la pierre blanche de Chauvigny et de Chavroche, qui est appliqué à toute la construction à l'extérieur et à l'intérieur. C'est un souvenir du style Auvergnat qui donne beaucoup de fermeté à certaines lignes et allégit singulièrement certaines autres. En terminant cette appréciation de la façade principale, je ne puis m'empêcher de faire remarquer qu'elle gagnerait considérablement s'il existait en avant des terrains horizontaux qui faciliteraient un plus grand recul pour l'embrasser du regard à une plus grande distance. Malheureusement la configuration du sol s'y oppose; mais au moins il est permis d'espérer que la maison d'arrêt sera transportée ailleurs. Si mes souvenirs me servent bien, il en était déjà question sous le règne de Louis-Philippe. Quand on aura mis ce projet à exécution, on pourra dégager le donjon du Château Ducal de toutes les affreuses masures qui en déshonorent les ruines; ce qui permettra de découvrir, du parvis de la cathédrale, le magnifique panorama qui se déroule à l'horizon.

LES PEINTURES DU PORCHE.

En entrant sous le porche, l'œil est attiré par la décoration générale exécutée à la cire, procédé avec lequel on obtient des tons doux et rompus qui s'harmonisent parfaitement avec les lignes des constructions. Après en avoir examiné l'ensemble, on regarde plus particulièrement les peintures du tympan de la grande porte et des deux portes plus petites qui s'ouvrent sur les collatéraux.

Examinons d'abord la plus importante qui représente le Jugement dernier.

Porte principale. — *Notre-Seigneur Jésus-Christ*, la tête entourée du nimbe crucifère et le corps tout entier enveloppé d'une auréole, est assis. Son regard sévère, traditionnellement hiératique, indique que l'heure de la justice est venue. Il élève ses deux mains percées par les clous, laisse voir son côté ouvert par la lance, et ses deux pieds portant également la trace des clous. Dans ce moment suprême, ce sont comme autant de témoins redoutables qui se dressent contre les négligents de sa parole et de son sacrifice. A droite et à gauche de l'auréole, deux anges soufflent dans des busines, grandes trompes aux sons stridents, que les artistes mettent ordinairement aux mains des anges qui annoncent le Jugement dernier. A droite, la *Sainte Vierge*, charmante et douce figure, implore son Fils ; on voit à côté d'elle le berceau de Bethléem qui est en feu. A gauche, saint *Jean l'Evangéliste* avec une barbe blanche, prie également ; à côté de lui se trouve le volumen de son Evangile et de l'Apocalypse.

Les peintres font assister volontiers la *Sainte Vierge* et saint *Jean* à cette grande scène où la justice de Dieu prononcera des arrêts irrévocables, et il semblerait que leur présence ne pourrait en aucune façon en adoucir la rigueur.

Mais David (ps. 76, v. 7 et 9), exprime énergiquement cette interrogation inquiète (1) : « Est-ce que Dieu nous rejettera éternelle- « ment ? ou ne sera-t-il pas de nouveau plus « favorable encore ?..... ou Dieu oubliera-t-il « d'avoir pitié ? ou contiendra-t-il dans sa « colère ses miséricordes ? »

En admettant que Dieu veuille encore tempérer la justice par quelque adoucissement de sa miséricorde, il est tout naturel de faire intervenir la Très-Sainte Vierge, l'instrument et l'artisan de la miséricorde, avec saint Jean son chantre, son prophète, son évangéliste, fils aîné de cette même miséricorde et enfanté en cette qualité au Calvaire du sang de Notre-Seigneur et des larmes de la Bienheureuse Vierge.

A la pointe de l'auréole, saint *Michel* pèse

---

(1) v. 7. — Numquid in æternum projiciet Deus aut non apponet ut complacitior sit adhuc ?.....

v. 9. — Aut obliviscetur misereri Deus, aut continebit in ira sua misericordias suas ? .

les âmes dans une balance; le triage est opéré.

A droite, sont les Bienheureux et les Bienheureuses, uniformément vêtus de rose et de blanc. Rien de plus suave que ces groupes du paradis qui n'ont plus conservé sur leur visage aucune trace de la terre. Ces figures portent l'empreinte d'une joie calme, véritable symbole de la paix que nous devrons retrouver dans la Jérusalem céleste. On les croirait sorties du pinceau de *Fra Angelico*. Le groupe de gauche a, au contraire, toute la vigueur et l'expression terrible de l'*Orcagna*. Ce sont les sept péchés capitaux étreints dans le cercle d'une seule et même chaîne tirée par deux démons.

Le premier, l'*Avarice* entièrement nue, une besace vide sur l'épaule, reconnaît avec désespoir, mais trop tard, combien étaient périssables les biens qu'il avait tant convoités. Le deuxième, la *Paresse*, porte avec effroi la main à ses oreilles d'âne. Le troisième, la *Colère*, grince des dents, et de sa main crispée saisit la chaîne qui enserre ses autres compagnons. Le quatrième, au dernier plan, une femme échevelée, vue de dos, n'est autre que la *Luxure*. Le cinquième, la *Gourmandise*, saisit avec la main gauche sa bouche qui ne mangera plus, et voit avec un chagrin inénarrable des flots de vin s'échappant d'un vase qu'il tient de la main droite et qu'il est forcé de tenir penché. Le sixième, l'*Orgueil*, est représenté par un souverain ceint d'une couronne, à la physionomie sinistre, rejetant avec fureur son manteau en arrière et vêtu d'un maillot tissé avec l'or, produit de ses rapines et de ses agressions iniques. Un diable éclate de rire en le voyant pris dans la chaîne, un autre le pousse par derrière ; le septième dans un plan en arrière, mais toujours dans le cercle de la chaîne, l'*Envie* qui tient un serpent.

Dans la zone inférieure, on aperçoit à gauche Archembaud Ier, le vieux sire de Bourbon, soulevant la pierre de son tombeau, sur lequel sont peintes ses armoiries. Après lui vient un guerrier qui se lève. Rien n'est plus touchant que cette jeune femme élevant hors de sa tombe un petit enfant qui lui tend les bras. Peut-être la mort était-elle venue les frapper tous les deux au moment où elle le mettait au monde ; mais les voilà qui se retrouvent avec une joie indicible ! Plus loin, un magistrat, la main gauche sur le haut de la tête et la main droite appuyée sur le sol, s'apprête à sortir de sa tombe. Au milieu, un linceul que deux mains invisibles font surgir tout à coup, est d'un effet saisissant. Les poses de tous ces ressuscités accusent chez l'artiste qui les a tracés, les études les plus consciencieuses et les plus variées.

Cette œuvre à l'aspect vraiment magistral, se présente sous la forme la plus grandiose. Elle se distingue par la simplicité et une science profonde de la ligne, par la largeur de l'exécution et une finesse admirable de couleur qui est le véritable cachet des belles peintures murales, et aussi cette magnifique page est tellement identifiée avec l'édifice, qu'on la croirait exécutée en même temps que la construction.

On ne saurait trop louer M. Lameire et ceux qui l'ont chargé d'exécuter ce magnifique frontispice de notre cathédrale. M. Lameire est élève de M. Denuelle. Jusque-là il n'avait encore exécuté que des cartons qui lui ont valu successivement la médaille d'honneur dans une exposition annuelle et la croix de la Légion d'honneur à la deuxième exposition universelle. Le beau livre de *Jésus-Christ*, par Louis Veuillot, reproduit deux remarquables specimens de ses cartons, conservés à l'Ecole des Beaux-Arts à Paris : l'un représente *la France chrétienne*, et l'autre *les Croisades*. M. Millet, en confiant à M. Lameire la décoration du porche, lui a fourni l'occasion d'exécuter les premières peintures murales signées de son nom.

Porte latérale à droite. — *La Sainte-Vierge*, nimbée et couronnée, à l'aspect grave et imposant, tient de la main gauche un sceptre terminé par un fruit d'iris, et de la droite retient sur son giron son divin Fils; l'enfant Jésus porte le nimbe crucifère, bénit de la main droite et tient de la gauche un cartel sur lequel est inscrit l'α et l'ω, symbole de sa génération éternelle.

Dans la zone inférieure, *Jessé* est couché, la tête appuyée sur la main droite. Une tige s'élance de sa poitrine, et autour de lui on lit le texte d'Isaïe : *Egredietur virga de radice Jesse et flos de radice ejus ascendet et requiescet super eum spiritus Domini.* (Isaïe, chap. x (1).) Sur la tête de *la Sainte Vierge* est empreinte la grandeur de sa vocation divine. Ce n'est plus ce type gracieux de la jeune mère souriant à son enfant, dont les artistes de la Renaissance, même les plus considérables, ont tant abusé, c'est plutôt la Vierge du Cantique des cantiques : « *Terribilis ut castrorum acies ordinata.* » « Terrible comme une armée rangée en bataille. » (Ch. VI, v. 3.)

Porte latérale à gauche. — Le prophète *Isaïe*, nimbé, coiffure orientale et barbe blanche. Il est assis, élevant de la main gauche un volumen déployé, sur lequel on lit : « *Ecce Virgo « concipiet et pariet filium et vocabitur nomen « ejus Emmanuel.* » « Voilà que la Vierge « concevra et enfantera un fils et son nom « sera appelé *Emmanuel.* » Il tient de la main droite un style pour écrire. Belle et noble figure au regard inspiré. La robe du prophète se distingue par l'exécution la plus large et la plus sobre en même temps.

---

(1) Et il sortira un rejeton de la racine de Jessé et une fleur s'élèvera de sa racine, et l'esprit du Seigneur reposera sur lui.

Dans la zone inférieure, on lit : *Confractus est Bel, contritus es Nabor.* (Isaias, XLVI, v. 1.) Au-dessous : EVPRATES FLUMEN.

Les idoles, entraînées par les flots avec un trône qui brûle, représentent, conformément à la prophétie d'Isaïe, la ruine de Babylone, bâtie sur les rives de l'Euphrate, celle de ses idoles et par suite la ruine de l'idolatrie elle-même, non-seulement sur un point déterminé de la terre, mais dans tout l'univers.

L'INTÉRIEUR DE LA CATHÉDRALE
LES NEFS, LE TRIFORIUM.

ELUI qui se bornerait à aborder la cathédrale par les portes de l'ancienne collégiale et même par les portes latérales de la nouvelle construction, ne saurait avoir une idée complète et exacte du monument qu'il importe d'embrasser d'un seul coup d'œil dans toute sa longueur et dans sa plus grande dimension. Pour atteindre ce but, il convient d'y entrer par la porte principale. Ce n'est pas sans une certaine anxiété qu'on se décide à le faire, en songeant à toutes les péripéties et à toutes les difficultés du rac-

cord des deux édifices ; mais l'aspect majestueux qui se déroule devant les yeux du spectateur, a bientôt fait taire toutes les incertitudes. Ce qu'il constate de prime abord avec une certaine satisfaction, c'est l'unité parfaite entre toutes les parties anciennes ou nouvelles de la construction. Elles diffèrent cependant d'une façon assez notoire par le style architectural. La grande nef, composée de cinq travées, appartient au style ogival et à la première moitié du XIIIe siècle ; au bas des marches, le pilier formé par un faisceau de colonnes sur lequel on devait appuyer le jubé, a le caractère de la deuxième moitié de ce même siècle, et enfin l'ancienne collégiale date de la fin du XVe siècle. Cette dernière, comme un véritable enfant prodigue, s'est quelque peu éloignée de la maison paternelle, elle a perdu ses colonnes, ses fûts, ses colonnettes, ses chapiteaux, la scotie profonde de ses bases, les nervures de ses voûtes s'appuyant sur les tailloirs des chapiteaux ; mais elle a conservé l'air de famille de son origine ogivale. Aussi, loin de faire disparate avec elle, la nouvelle construction, en l'encadrant très-richement (trop richement peut-être), communique à tout l'édifice un exhaussement véritable et le montre sous un aspect tout à fait nouveau. Cet effet est dû en partie aux sept marches qu'il faut franchir pour arriver sur le terre-plein de la Collégiale ; mais il tient surtout à certains caractères architectoniques, empruntés à la période ogivale et communs aux deux églises soudées l'une à l'autre.

Avant d'aller plus loin, il n'est pas hors de propos de comparer l'esprit qui dominait dans les constructions du moyen-âge, et celui que nous mettons en œuvre chaque jour dans les nôtres. Quand nous bâtissons, nous nous préoccupons surtout de la régularité et de la symétrie. Nous plaçons invariablement la porte au milieu avec le même nombre de fenêtres de chaque côté, toutes de la même forme et de la même dimension ; tout le reste est conçu avec la même donnée, et aussi le plus souvent nous aboutissons à cette formule essentiellement fastidieuse : l'*unité* dans la *monotonie* et dans l'*uniformité*.

Nos devanciers du moyen-âge procédaient autrement. Ils s'inquiétaient peu des irrégularités dans les détails, des infractions contre les règles de la symétrie, ils considéraient surtout l'ensemble, et s'efforçant avant tout de donner à leur édifice le cachet et le caractère de sa destination, ils réalisaient l'*unité* dans la *variété*, voilà pourquoi les moindres constructions de leur époque, ont pour nous un charme indéfinissable que nos neveux ne trouveront certainement pas dans les nôtres.

Voilà pourquoi en France, en Belgique, en Italie et partout ailleurs, nous contemplons avec admiration tous les anciens monuments religieux, bien que leurs diverses parties soient de style et d'époque le plus ordinairement dissemblables.

Et voilà aussi pourquoi nous apprécions aujourd'hui la jonction de notre vieille Collégiale opérée avec la nef de M. Millet. Elles nous apparaissent toutes les deux comme deux sœurs vêtues, il est vrai, de couleurs bien différentes, mais qu'un peintre habile a fondues et harmonisées.

Si la grande nef vue de la porte principale emprunte un aspect de hauteur et de profondeur en dehors de toutes les prévisions, l'effet n'en est pas moins saisissant pour les basses nefs et pour les collatéraux, quand on les regarde des petites portes.

L'ingénieux mode de construction par lequel l'architecte de la Collégiale, pour dissimuler la ligne droite, imposée sans doute par la voie publique, fait retomber toutes les nervures des voûtes environnantes sur un seul pilier, apparaît à l'extrémité dans toute sa splendeur, exhaussé par les sept marches désignées plus haut qui règnent dans toute la largeur des trois nefs.

Etudions maintenant une des cinq travées qui constituent la grande nef. En jetant les yeux sur la voûte, dont les clefs sont ornées de rosaces, accostées de têtes saillantes de rois et d'évêques, on voit que chaque croisée d'ogive embrasse une travée. Cette travée a trois ordres :

Premier ordre. — Le premier ordre consiste en une arcade maîtresse posant sur des colonnes robustes à chapiteaux ornés de crochets en volutes, alternant avec des feuilles d'érable et de chélidoine. Ces colonnes sont accrochées par quatre griffes à une base puissante. Sur le tailloir des chapiteaux, un faisceau de trois colonnettes, soutenant les retombées des arcs de la voûte et annelées à la hauteur de la corniche qui porte le triforium.

Deuxième ordre. — Triforium servant de galerie de service dans la hauteur des toitures des bas-côtés, composé de deux baies géminées, surmonté d'arcs trilobées reposant sur des colonnettes dont la base est cantonnée de deux grosses perles.

Troisième ordre. — Deux grandes fenêtres géminées dont les archivoltes sont soutenus par deux longues colonnettes qui viennent se reposer sur la corniche servant d'appui au triforium. Ces deux fenêtres surmontées d'un grand oculus sexlobé.

A la dernière travée du côté du chœur, l'arcade maîtresse pose sur un faisceau de colonnettes sur lequel Lassus devait appuyer son jubé.

C'est une construction élégante qui, au moyen-âge, était jetée comme un pont à l'entrée du chœur (1), on a fait sagement en y

---

(1) Son nom vient de ce que le lecteur avant de commencer à psalmodier la leçon, demandait la bénédiction du

renonçant. Le jubé en coupant le vaisseau en deux en eut certainement diminué la longueur.

Autour des piliers formés par un faisceau de colonnettes, on voit un ambon au point J et un autre au point L. Les ambons sont des espèces de tribunes qui dans le principe étaient réservées à droite pour lire l'Evangile et à gauche pour lire l'Epitre et ensuite ont servi de chaires à prêcher (1).

L'ordonnance de cette nef est grande et imposante. Les grandes fenêtres et le triforium forment un bel ensemble avec les nombreuses colonnettes qui les encadrent. Les vitraux incolores reposent agréablement les yeux de toutes ces verrières criardes et blafardes dont nous sommes inondés et qui déshonorent les sanctuaires. Les grosses colonnes sont vigou-

---

chef du clergé, par la formule : *Jube, Domine, Benedicere*, etc. (Bertin, *Dictionnaire de l'Architecture*, p. 187.)

(1) Le mot *ambon* est dérivé de αμβων lieu élevé, ou de αναβαινειν monter, à cause des marches par lesquelles on parvenait à l'*ambon*. D'autres auteurs prétendent que ce mot vient d'*ambo* deux, parce que, disent-ils, il y avait deux ambons.

reuses, et l'on sent qu'aucun choc ne pourra les ébranler. Elles sont là comme de grands chênes fortement enracinés dans le sol.

Quand on aura exécuté sur les parois intérieures des basses nefs, un chemin de croix mural qui se reliera avec des peintures sur les tympans intérieurs des trois portes, et surtout si ces peintures sont confiées à M. Lameire, la cathédrale de Moulins n'aura point d'égale pour la décoration monumentale dont le porche offre déjà un magnifique spécimen.

Après avoir essayé d'assigner à la nouvelle construction le rang qui lui est bien dû, je ferai deux réserves sur des détails insignifiants, qu'il est bon néanmoins de signaler. La première porte sur ces deux piliers à angles droits qui se trouvent dans la dernière travée de la jonction et qui sont encastrés dans le grand pilier formé par des faisceaux de colonnettes. Quand l'œil pénètre obliquement à travers la forêt des piliers de la Collégiale et des colonnes de la grande nef, il s'arrête d'une façon disgracieuse contre les espèces de poutres équarries, accolées aux troncs vivaces qui s'élancent vers les voûtes.

Notons, en outre, qu'au milieu d'une foule très-compacte, ces angles tranchants seraient fort désagréables pour les fidèles acculés contre cette partie de la cathédrale. C'est pour éviter ce grave inconvénient que dans tous les monuments du moyen-âge, tous les angles sont émoussés ou arrondis. Ne serait-il pas possible de modifier par des moulures ces terribles arêtes ?

La deuxième remarque a trait à cette petite galerie placée également dans la dernière travée de la jonction et conduisant à une tribune au-dessus de la chapelle destinée aux offices du chapitre. Le style de la Renaissance accusé par les caissons du plafond, fait disparate avec tout le reste de l'édifice. Il semble que le style du XIVe siècle, placé entre le XIIIe et le XVe eût été un intermédiaire plus naturel, et même on pouvait laisser en face l'un de l'autre le XIIIe et le XVe comme on le voit au point de la jonction.

Qu'il me soit permis maintenant en quittant la nouvelle construction et en entrant dans l'ancienne, de féliciter de nouveau M. Millet. Des voix sans doute plus compétentes que la mienne, ont déjà apprécié et apprécieront de nouveau l'œuvre remarquable qu'il vient de terminer ; mais elle devait naturellement occuper une grande place dans l'étude que je me suis proposée. Je ne saurais oublier également M. l'architecte Moreau qui a présidé à l'exécution de tous ces beaux travaux, dont la solidité et la bonne exécution sont incontestables.

LA COLLÉGIALE.

ous avons dit que les artistes anciens ne respectaient en aucune façon les lois de la symétrie. Nous en trouvons une preuve évidente en entrant dans la Collégiale. La basse-nef de droite a 5 ^{m}. 42, tandis que celle de gauche, du côté de la chapelle de la sainte Vierge, a 6 ^{m}. 48. Pour ne pas déformer sans doute les proportions de ses voûtes, M. Millet, dans la nouvelle construction, a fait les deux basses-nefs égales, et il en résulte du côté gauche un retrait qui est dissimulé en partie par une magnifique statue de bronze, rapportée de Rome par Monseigneur de Moulins. C'est une copie

très-fidèle du beau saint Pierre, qui fut placée par le Pape saint Léon Ier, dans la basilique vaticane. Il est assis sur un piédestal fait avec de beaux marbres ; il bénit de la main droite, tient les clefs de la main gauche, et avance un pied que les fidèles baisent en vénération du prince des apôtres. Une indulgence de cinquante jours est à Moulins comme à Rome attachée à cette pratique pieuse (1).

(1) Dans les temps modernes, on a inventé la fable grossière que cette statue fut faite pour un Jupiter, et même qu'elle est identique avec celle de Jupiter au Capitole. Le 29 juin 1866, le *Journal illustré* la représentait avec la foudre de la main gauche au lieu des clefs, et un sceptre de la main droite. Il faut être bien ignorant de l'art et de l'histoire pour admettre cette fable ; car la statue de Jupiter était du temps de Domitien, et celle-ci, dans tous ses détails, paraît être du ive au ve siècle ; celle-là était en or massif, et celle-ci est en bronze et d'une fonte qui s'accorde bien avec son style. D'ailleurs comment pourrait-on supposer qu'au même moment où on voulut détruire entièrement le Paganisme, on eut exposé à la vénération des fidèles, l'image de la principale divinité que les payens adoraient ; il faut avouer que ces inventions sont indignes de notre siècle.

(Nibby, page 500. — *Itinéraire de Rome* 1847).

Ecoutons maintenant les écrivains qui ont parlé de notre Collégiale.

La description des auteurs de l'ancien Bourbonnais est très-courte : « Le style de
« ce monument est riche et élégant ; c'est
« celui de tous les édifices bâtis au XV° siècle
« et appartenant à la troisième période ogi-
« vale. On admirera toujours l'élévation des
« voûtes, des bas-côtés et de l'abside, une
« tourelle d'escaliers à l'intérieur et une
« porte latérale décorée avec beaucoup de
« goût. »

Le Père Desrosiers en fait également l'éloge (1). « La cathédrale de Moulins, an-
« cienne Collégiale, commencée en 1474 par
« le duc Jean II et terminée en 1508, appar-
« tient à la dernière période gothique ; elle
« est à peu près contemporaine de Saint-
« Nizier de Lyon, de certaines parties de la
« cathédrale de Limoges, de la Sainte-Cha-
« pelle de Riom ; elle a été construite dans
« les mêmes années que la Sainte-Chapelle

---

(1) In-4° de deux feuilles avec planches, intitulé la *Cathédrale de Moulins*, pages 1, 3, 4.

« de Bourbon et probablement dessinée par
« le même architecte. »

. . . . « Le caractère sail-
« lant de l'édifice est, à mon avis, une très-
« grande richesse de formes dominées par
« une unité remarquable.

« Il n'y a pas en effet dans notre Collégiale
« ce qu'on rencontre dans bon nombre d'édi-
« fices du même âge : une profusion de dé-
« tails sur certaines parties privilégiées, pro-
« fusion qui tranche singulièrement avec la
« sobriété, pour ne pas dire la sécheresse
« des parties avoisinantes.

« Ce caractère de notre collégiale est à mes
« yeux son plus beau titre de gloire..

« Cette harmonie puissante qui résulte
« d'un plan bien conçu dans son ensemble,
« étudié avec soin dans ses parties et pour-
« suivi avec sévérité dans son exécution, est
« en effet le caractère des belles œuvres.

« J'engage mon lecteur à parcourir avec
« moi du regard cet étage inférieur des cha-
« pelles qui forme la partie décorée des sou-
« bassements de l'édifice. Décorée en effet
« par ces larges fenêtres et ces niches qui se
« relient et se prolongent horizontalement

« comme une immense frise, décorée encore
« par les fortes moulures feuillagées et la
« balustrade flamboyante de la corniche, cette
« partie n'est-elle pas appelée par les propor-
« tions à en supporter une autre aux mouve-
« ments plus élancés. Je veux dire les hautes
« nefs ajourées par d'immenses verrières et
« séparées en travées que des contreforts et
« des arcs-boutants isolent entre elles. Enfin
« les splendides linéamens de la toiture et de
« la flèche (1) soudent ces parties ensemble
« et les couronnent magnifiquement.

. . . . . « J'invite maintenant le lecteur à
« jeter un coup d'œil sur les moulures de la
« Collégiale ; il verra combien ces tores
« saillants et anguleux et ces gorges pro-
« fondes sont bien à leur place, et quel admi-
« rable appel de lumière et d'ombre, elles
« font sur l'édifice pour en dessiner toutes
« les parties. »

M. de Jolimont, dans *l'Allier pittoresque*,
page 2 de l'arrondissement de Moulins, s'exprime ainsi : « Le style de cette église est de

---

(1) La flèche n'existe plus.

« la troisième période ogivale et ne manque
« pas d'élégance et de légèreté ; mais n'offre
« dans son ensemble et dans son état d'im-
« perfection rien de particulièrement remar-
« quable, si ce n'est une assez grande quan-
« tité de gargouilles à figures chimériques et
« curieuses ; environnée du reste d'une masse
« de maisons particulières et de rues étroites,
« il est difficile d'en saisir l'esprit général
« extérieur. »

Il est temps de donner la parole à M. Emile Montégut, un des collaborateurs de la *Revue des Deux Mondes* (1) :

. . . . « Elle n'a pas besoin d'être
« plus complète (la cathédrale de Moulins)
« pour être charmante. Produit d'un art à
« son agonie et qui dès longtemps a dit ce
« qu'il avait d'essentiel à dire, il ne faut lui
« demander ni la sublimité, ni le caractère
« mystique des églises de la belle période
« gothique ; mais à défaut de sublimité, elle
« a l'attrait ; et à défaut de hauteur religieuse,

---

(1) *Tableaux de la France en Bourbonnais et en Forez*, par Emile Montégut, 1875. Hachette. Paris.

« il y circule un souffle de toute aimable
« piété.... Notre-Dame de Moulins ne peut
« se vanter non plus ni d'une grande beauté,
« ni même d'une grande harmonie ; ces co-
« lonnes (*il n'y en a pas*), manquent de vol,
« ces voûtes latérales manquent d'élan ; et en
« observant un peu, on remarque que le des-
« sin de l'abside n'est qu'un ingénieux trompe
« l'œil, qu'il se compose d'une simple ligne
« droite qui fait semblant de s'arrondir en
« ovale. Mais que ces piliers sont de taille
« élégante ! comme les arcs qui vont se déta-
« chant de leur sommet sont d'un dessin net et
« pur !..... Il en est un peu de Notre-Dame de
« Moulins comme de ces jolies personnes qui
« plaisent par leur imperfection même, et
« pour qui l'irrégularité des traits n'est qu'un
« charme de plus... » Ils sont vraiment adora·
bles les écrivains des grandes revues, quand
ils parlent de nos monuments religieux ! !

Quant à Mérimée qui était alors inspecteur-général des monuments historiques, il
n'y va pas de main morte dans (1) ses Notes

---

(1) 3 Vol. épuisé et devenu rare. Paris, 1832,

d'un voyage en Auvergne, publiées comme *Extrait d'un rapport adressé à M. le Ministre de l'intérieur* en 1839. « La cathédrale de Mou-
« lins qui ne consiste qu'en un chœur fort
« petit, de gothique flamboyant, ne mérite
« d'être citée que pour de très-beaux vitraux,
« la plupart du xvie siècle, encore assez bien
« conservés. »

Enfin, dans son *Abécédaire* ou *Rudiment d'Archéologie* (1), M. de Caumont demande à son élève ce qu'il pense du style ogival de la troisième époque, et il répond : « L'infériorité du
« style ogival tertiaire, comparé au primitif ou
« au secondaire, ne me paraît pas douteuse.

« Cette profusion de découpures, de feuil-
« lages, de crochets ; ces feuilles frisées, dé-
« chiquetées, contournées, placées en guise
« de panaches autour des fenêtres, des portes,
« des frontons, contrastent avec les maigres
« filets qui remplacent les colonnes élégantes
« des xiiie et xive siècles.

« Les nervures prismatiques sont aussi
« moins agréables que les tores arrondis et

---

(1) Paris, 1854.

« séparés les uns des autres par des canne-
« lures profondes.

« Enfin les églises du xv⁰ sont presque
« toutes moins grandes et moins élevées que
« celles du xiv⁰, et cette profusion de pinacles
« et de figures pyramidales qui les décorent,
« ne peut dissimuler entièrement leur défaut
« d'élévation. Je ne nie pas, toutefois, que
« le style ogival de la troisième époque n'offre
« de grandes beautés, et je connais des mo-
« numents d'une rare élégance et d'une exé-
« cution admirables, qui appartiennent tout
« entiers à ce style.

« Mais je le répète, l'architecture du xiv⁰
« et surtout celle du xiii⁰ est bien plus pure ;
« elle me paraît bien préférable. »

Devine si tu peux, et choisis si tu l'oses.

Quant à moi, je me garderai bien de me jeter à travers cette mêlée.

Ce qui me charme avant tout dans notre Collégiale, c'est de songer que pendant près de quatre siècles, le saint sacrifice de la messe y a été célébré chaque jour (1), que les mélo-

---

(1) Le temps de la Révolution excepté.

dies sacrées de la liturgie ont fait bien des fois retentir ses voûtes, que nos ducs s'y sont agenouillés, que nos ancêtres y ont prié, que les eaux saintes du baptême y ont été versées sur la tête de notre aïeul et sur notre propre tête. Ce qui me charme encore, c'est cette belle verrière où nos trois derniers ducs sont représentés avec leurs patrons qui aident à les faire reconnaître. Il y a dans tout cet édifice comme un parfum de l'histoire du pays qu'aucun monument nouveau (quelque beau qu'il puisse être), ne saurait remplacer. Aussi, je constate ici, en le déplorant amèrement, le médiocre souci apporté à la conservation des diverses parties d'un sanctuaire qui doit être cher à tous les cœurs Bourbonnais. Aujourd'hui le mot conservateur est dans toutes les bouches ; il y a des conservateurs des musées, des bibliothèques, des châteaux royaux, impériaux ou autres, il y a même dans l'ordre politique des conservateurs chargés de conserver la République. Il est impossible qu'il n'y ait pas de conservateurs des églises et des cathédrales. On en comprendra mieux la nécessité quand je décrirai les vitraux.

LES VITRAUX DE LA COLLÉGIALE (1).

NE de nos gloires nationales la moins contestable, est sans contredit la supériorité de nos peintres verriers sur tous les artistes des autres nations. L'Italie elle-même, l'Italie si fière de tous ses chefs-d'œuvre, n'a rien à nous opposer dans ce genre de peinture. A peine y trouve-t-on çà

---

(1) J'extrais les principales considérations de ce chapitre, d'un article que j'écrivais en 1850 dans l'*Art en Province*, p. 10, sur le fragment d'un vitrail de la cathédrale de Moulins.

et là quelques verrières qui sont dues pour la plupart à des artistes français (1) et qui ne peuvent d'aucune façon entrer en parallèle avec celles de nos grandes cathédrales. C'est un véritable désappointement pour celui qui visite pour la première fois cette terre classique des arts, que de rencontrer dans les plus belles églises, ces verres blancs si vulgaires, dont nos pères du moyen-âge ne voulaient pas même pour leurs habitations privées. Pour nous, hommes du Nord, habitués au jour pieux et voilé de nos sanctuaires, il n'y a pas de recueillement possible dans des monuments qui sont éclairés absolument comme une bourse et un bazar, et dont la décoration intérieure répond exactement à celle d'un palais ou d'un théâtre.

Dans l'échelle des progrès de l'intelligence humaine, quelle magnifique invention que celle de teindre de couleurs magiques et

---

(2) Entre autres Guillaume de Marseille *(Guglielmo de Marcilla)* (1475-1537). On trouve des vitraux exécutés par lui dans les églises d'Arezzo et dans celle de Santa-Maria del Popolo, à Rome.

d'orner des plus émouvantes compositions, le rayon de lumière qui vient éclairer un monument ! Il appartenait à l'époque catholique de réaliser une aussi merveilleuse application de la peinture. Dans tous les monuments, quel que soit le génie des artistes, quels que soient les procédés employés, la peinture exécutée sur place, ou les tableaux accrochés aux murs, apparaissent rarement dans un jour favorable ; avant de songer à cette condition indispensable, il a fallu céder aux exigences de la destination du monument : c'est à ce point qu'on ne peut presque observer d'une manière convenable les chefs-d'œuvre de la peinture, que dans des musées disposés *ad hoc*. Les verrières, au contraire, apparaissent toujours dans leur éclat le plus vif. La lumière ne peut leur manquer, à elles qui sont chargées de transmettre la lumière, et le chrétien agenouillé aux pieds des autels, voit sans cesse scintiller devant ses yeux, à côté des scènes les plus pathétiques de l'Hisoire sacrée, les vivants symboles de sa foi. Il y a dans cette contemplation incessante tout un monde de pieux recueillements et d'ineffables extases. Malgré la fragilité du verre et les ravages du temps, la France est encore littéralement couverte de verrières magnifiques. Leur nombre égale au moins celui des fresques dont l'Italie s'enorgueillit à si juste titre. Si nous l'emportons par la quantité sur les autres nations, nul ne nous contestera une véritable supériorité dans cette branche de l'art (1). Les vitraux de Chartres, de la Sainte-Chapelle, de Bourges et d'une foule d'autres cathédrales, n'ont d'équivalent nulle part.

L'expression de *peinture* dont nous nous sommes servi, serait impropre pour les vitraux du XIIe et du XIIIe siècle. Ils formaient de véritables mosaïques composées de verres teints dans la pâte, réunis par des plombs qui suivaient tous les contours des ornements, et des compositions tracées par le dessinateur. Les figures étaient ordinairement de petites dimensions. Au XIIIe siècle, quelques lignes noires déterminaient les traits du visage et

---

(1) Le moine Théophile qui a écrit, vers la fin du XIIe siècle, une description des divers procédés pratiqués dans les arts des différents peuples, en parlant de la peinture sur verre, proclame les Français très-habiles dans ce travail. — *Franci in hoc opere peritissimi.*

les plis des draperies. C'était là le commencement de l'émail appliqué sur le verre teint. Les verrières de cette époque sont d'un effet vraiment magique. L'absence du verre incolore dont on fit un si grand usage dans les siècles suivants, l'éclat des couleurs jetées dans la pâte et nullement obscurcies ou salies par l'application des émaux, donnent à ces vitraux une franchise, une vivacité, une harmonie de tons qui dépassent toute expression. Chose singulière, les feuilles de verre employées à cette époque, de petites dimensions, épaisses, assez grossièrement fabriquées, ajoutaient encore à l'effet, en répandant un jour mystique qui invitait à la prière et élevait l'âme vers Dieu. A notre époque, au contraire, le verre, d'une fabrication bien supérieure, trop lucide, trop transparent, ne produit généralement que des verrières blafardes et qui manquent entièrement de cette harmonie qui caractérise surtout le XIIIe siècle. Avec le XIVe et le XVe siècle, les figures s'agrandissent : on emploie simultanément les verres teints, ces mêmes verres teints, modifiés par des applications d'émaux, et enfin des verres incolores sur lesquels on pratique une véritable peinture dont les couleurs sont fixées, et rendues transparentes par des fondants. Le vitrail de sainte Catherine et des ducs de Bourbon que je décrirai le premier, nous offrent ces trois états, la couleur rouge est un verre teint dans la pâte, le fond bleu damassé a été obtenu au moyen d'un verre teint dans la pâte en bleu, atténué et modifié par une application d'un émail bleu plus foncé, qui forme les dessins. La tête, la robe et les mains ont été peintes sur un verre incolore, au moyen d'émaux de couleurs fixées au feu de moufle.

Les verrières ne sont pas seulement intéressantes par l'effet magique qu'elles produisent et par les divers procédés de leur fabrication, caractéristiques de chaque époque ; elles se recommandent surtout à l'attention de l'archéologue et de l'historien. C'est là qu'il faut étudier l'iconographie sacrée, c'est là qu'il faut chercher toutes ces légendes des saints, si curieuses par les scènes qu'elles retracent. Pendant le Moyen-âge et la Renaissance, les artistes avaient l'habitude de donner à tous leurs personnages, les vêtements de leur époque. L'histoire des costumes pourrait donc s'écrire avec les vitraux de nos cathédrales. Le peintre et le sculpteur y trouveront également le caractère et la physionomie de chaque siècle.

Les portraits des rois, des reines, des grands dignitaires de l'Etat, des illustres donateurs, sont le sujet des études les plus variées et les plus savantes. Toutes ces figures sont souvent accusées rudement; mais elles ont un cachet de vérité naïve qui ne saurait être méconnue.

Je partage entièrement l'avis de Mérimée sur nos vitraux. Malheureusement, ils ont beaucoup souffert des injures du temps. Ils ont été exécutés dans les dernières années du xve et dans les premières années du xvie siècle, et naturellement le verre incolore a été fréquemment employé ; soit que les émaux de couleur aient été fixés sur ce verre à une trop basse température et que les fondants ne les aient pas incorporés assez solidement avec ce même verre, il semble que certaines parties s'effacent comme un dessin au crayon que l'on aurait frotté. A l'aide d'un grattoir on enlèverait facilement tout le travail du modelé ; ce qui prouve combien l'adhérence des ombres est compromise. Ajoutez à cela l'oxydation des plombs qui, par un grand vent, peut devenir très-dangereuse et compromettre l'existence même des verrières. Il serait grand temps qu'on vienne à leur secours en les confiant à des mains habiles qui les feraient revivre encore plusieurs siècles ; mais il faut bien se garder des vitriers, on ne saura jamais assez ce que c'est qu'un vitrier préposé à la conservation des verrières d'une cathédrale. Vous croyez n'y avoir installé qu'un simple ouvrier. C'est bien véritablement un roi que vous avez placé sur son trône, un roi qui a droit de vie et de mort sur ses sujets, les vitraux. Et encore si ce n'était qu'un simple roi, on en viendrait facilement à bout à une époque où on n'a qu'à souffler dessus comme sur un château de cartes. Mais lui, le vitrier ! c'est un roi inamovible dans toute l'acception du mot. La cathédrale de Moulins n'a pas échappé au vitrier. Elle a possédé pendant de longues années le type le plus achevé en ce genre.

Ce brave homme, dans ses rêves de la nuit, ne voyait que mosaïques chatoyantes de verres de couleurs impossibles, de nez, de mentons, d'oreilles accolés avec des pieds et des mains, sans autre ordre que la fantaisie de l'artiste. A peine levé, avec sa grande échelle, il rapiéçait sans désemparer. Si l'orage ou quelque autre accident avait emporté une partie d'un panneau, il eut séché plutôt que de ne pas combler les vides avec les pièces de toute provenance qu'il conservait précieusement dans son magasin. Un jour il avait été appelé pour remettre à la lanterne d'un hôtel un verre bleu qui avait été cassé. A quelques jours de là, des antiquaires du pays apercevant une belle inscription sur un vitrail, se mirent en devoir de la lire, et quelle ne fut pas leur stupéfaction en lisant, après s'être frotté les yeux plus d'une fois: .... EL DE PARIS (1).

J'ai dû m'étendre un peu sur la biographie de ce bon homme, afin que les touristes qui voudront bien entreprendre une pérégrination à travers nos verrières, attribuent à qui de droit le spectacle inouï qu'ils auront plus d'une fois sous leurs yeux.

---

(1) Hôtel de Paris; seulement la syllabe *Hot* avait été brisée.

Aujourd'hui ce brave vitrier n'est plus ; et il faut bien espérer que le bon Dieu lui aura pardonné, car il ne savait certainement pas ce qu'il faisait.

Il me reste à dire quelques mots sur l'attribution qui a été faite du dessin de nos vitraux à Albert Durer. Après avoir étudié attentivement cette question, je ne saurais en aucune façon partager cet avis qui a été émis plusieurs fois parmi nous, et il me sera facile de justifier mon opinion si l'on veut bien jeter les yeux sur les grandes gravures sur bois d'Albert Durer. En général, les figures révèlent une science de dessin qui ne se trouve pas sur celles de nos vitraux. Elles ont en outre une contraction dans les traits qui contraste singulièrement avec la placidité de nos têtes qui sont le plus souvent maigres et presque étiques, tandis que celles du maître sont convenablement nourries. Mais c'est surtout par les draperies qu'elles diffèrent. Celles d'Albert Durer sont très-amples, avec de nombreux plis cassés et tourmentés, tandis que les nôtres sont très-sobres dans leurs dimensions et très-tranquilles dans leur disposition. Parmi ces gravures, il y en a une que j'ai sous les yeux qui représente précisément Notre-Seigneur en croix avec des anges qui recueillent dans des calices le sang du côté, des pieds et des mains. C'est le même sujet que celui qui se trouve derrière le maître-autel. Après avoir rapproché la gravure de la verrière, il est impossible désormais de songer à Albert Durer, comme ayant participé en quoi que ce soit aux cartons de nos vitraux. S'il faut chercher une influence exercée sur les peintures de nos vitraux, il faudrait plutôt la chercher dans les Flandres qui, d'après la tradition, auraient envoyé plusieurs artistes à la cour de Pierre II et d'Anne de France. Nous la signalerons quand nous la rencontrerons, soit dans nos verrières, soit dans les petits panneaux du tryptique dont nous parlerons plus tard. On doit remarquer également qu'une école de peinture commençait à se former en France à la fin du XVe siècle, et était personnifiée par Jehan Fouquet, Jehan Bourdichon et Jehan Perreal. Guillaume de Marseille, né en 1475 et mort en 1537, était lui-même un peintre-verrier, et on voit en Italie plusieurs de ses œuvres.

Quant à l'influence Italienne, je ne la rencontre que dans la figure de sainte Catherine qui a été intercalée après coup dans la première verrière à gauche de la porte d'entrée, et dans les verrières de la grande nef dont il ne reste plus que des fragments.

Je n'ai rien trouvé qu'on puisse attribuer à Benedetto Ghirlandaio, le peintre de la Vierge du tryptique. M. Pérot, membre de la Société d'Emulation, a eu la bonté de relever plusieurs inscriptions qui se trouvent çà et là à travers les vitraux : quelques-unes sont des sentences, comme on aimait à les reproduire au XVIe siècle ; mais la plupart ont été tellement déplacées et remaniées, qu'il a été impossible de leur attribuer un sens quelconque.

N° 1.

Vitrail de Sainte-Catherine et des ducs de Bourbon bienfaiteurs de la Collégiale.

L'indice le plus ancien de l'agglomération de Moulins, remonte à l'année 991, la quatrième du règne de *Hugues Capet*. C'est un acte (1) par lequel les propriétaires de la villa (*ferme isolée*) de Molinis, Wigo, Lambertus, Bevardus et Willelmus, frères, vendent au prieuré de Souvigny la chapelle de Saint-Pierre, pour trente sous. Souvigny, comme dépendant de Cluny, jouissait naturellement de tous les priviléges conférés à cette abbaye, et comme le Pape Adrien V, par sa bulle de 1155 (2), avait accordé à l'abbé de Cluny et à ses successeurs à perpétuité

---

(1) L'original de cette pièce est à la Bibliothèque nationale, collection Moreau. Je dois à l'extrême obligeance de M. Chazaud la communication de la copie qu'il a en sa possession.

(2) Archives de la préfecture. Cartulaire de Souvigny. Chap. vi.

que, dans les paroisses qui lui appartenaient, aucun ordre ou religion ne pouvaient s'établir que celui de Cluny; il en résulte que le prieuré de Souvigny exerçait le même droit sur le territoire de Moulins. Aussi quand le duc *Louis II*, dit le Grand, troisième duc de Bourbon, voulut fonder la collégiale dans la chapelle privée de son château, il dût entrer en arrangement avec le prieur de Souvigny, et il intervint entre eux cette convention, que le prieur jouirait d'un des canonicats de la Collégiale, et qu'à la mort du titulaire, il aurait le droit d'en nommer un autre. C'est ainsi qu'à la date du 23 février (1) 1438, *Louis Cadier* fut reçu en qualité de chanoine sur les provisions du prieur de Souvigny qui en avait le droit par l'acte de fondation.

Louis II fonda la Collégiale à la date du 6 décembre 1386 (2).

---

(1) Usages et coutumes du chapitre de l'Eglise collégiale de Moulins, recueillis d'après les faits consignés dans les registres capitulaires de la dite église depuis l'année 1397 jusqu'en 1699, par Dom Turpin. (Archives de la Préfecture).

(2) Je donne ici le résumé d'une note très-intéressante sur l'érection du chapitre de Notre-Dame que M. Chazaud,

A partir de cette fondation, on entrevoyait déjà l'éventualité où la chapelle du château serait remplacée par un monument plus important, et cette préoccupation se fait jour dans les actes de fondation passés avec le

archiviste du département, a lue le 6 août 1853 à la Société d'Emulation (3ᵉ vol. page 163). Moulins était au dernier tiers du xɪvᵉ siècle, une ville assez importante déjà ; elle n'avait pour église qu'une simple chapelle qui relevait du prieuré de Souvigny, sans autre personnel qu'un seul et unique desservant. sans autres revenus que les offrandes volontaires, car ce n'était pas même une paroisse. Les droits paroissiaux appartenaient à une église située hors des murs (celle d'Izeure). *Le duc Louis II* résolut de la doter d'avantages religieux en rapport avec son rang politique. Robert de Genêve venait d'être proclamé pape et avait pris le nom de Clément VII (*il compte parmi les anti-papes*). Le nouveau pape reconnu par la France, la Sicile, l'Ecosse et une partie de l'Allemagne, ne pouvait que se montrer favorable aux demandes d'un descendant de saint Louis, duc du Bourbonnais et d'Auvergne et comte de Forez. *Louis II* saisit l'occasion sans perdre un moment, et le 19 octobre 1378, moins d'un mois après son élection, Clément VII adressait à Maurice, évêque de Nevers, une bulle par laquelle il le charge du soin d'ériger en Collégiale la chapelle de Moulins. Cette Collégiale, d'après la demande de *Louis II*, devait être sous le vocable de Notre-Dame en l'honneur de *Dieu* et de la Bienheureuse *Vierge Marie*, sa mère, et spécialement de la

chapitre (1) C'est ainsi qu'à la date du 2 octobre 1422, à l'occasion d'une fondation et d'une création d'un office de chantre, les *vénérables doyens du chapitre de l'église Collégiale de Notre-Dame de Moulins, s'engagent à faire dire et à célébrer sur l'Aullier* (l'Autel) *de Monsieur Saint-Jean, deux messes perpétuelles ou ailleurs ou en lieu convenable; en cas que la dite église serait diruée ou abattue pour la nouvelement batir et édiffier.*

Néanmoins, la première pierre telle que nous la voyons aujourd'hui, ne fut posée que

---

fête *de l'Annonciation*. Cette église devait être desservie par un chapitre composé d'un doyen, de douze chanoines et quatre clercs. Sur les douze chanoines, six devaient être pourvus de la prêtrise, trois du diaconat, trois du sous-diaconat. Ce ne fut que le 6 décembre 1386 que l'évêque de Nevers Maurice installa le chapitre composé de Jean *Chauveau*, Guillaume *Saulnier*, Jean *Laqueilhe*, Guillaume *Greland*, Jacques *Gibelot*, Jean *Manicat*, Philippe *Thomas*, Jean *Barbon*, Enguerrand *Cornut* et Jean *Burnin*, prêtres; Humbert *Saulnier* et Thomas *Vernin*, sous-diacres. Les quatre clercs adjoints au chapitre, étaient Jean *Pitet*, Huon *Poissonnat*, Jean *Robin*, et Jean *Bricon*, clercs.

(1) Fond du chapitre de Notre-Dame. *Chantrerie* n° 1.

(Archives de la Préfecture.)

le 5 août 1468 (1), par *Agnès de Bourbon*, femme de *Charles I*er, cinquième duc de Bourbon, mort en 1456. *Jean II*, son fils, dit le Bon et le fléau des Anglais, lui succéda. Il ajouta de nouvelles dotations à celles que le bon duc Louis avait affectées à la Collégiale. Dans ces dotations, il se qualifie de *réédificieux Patron et constructeur de la dite Eglise* (2). C'est par lui que commence la série des personnes représentées sur ce vitrail. Il est à genoux, à gauche, et suffisamment caractérisé par saint *Jean-Baptiste* debout derrière lui et montrant avec l'index de la main droite l'Agneau de Dieu couché sur le livre des écritures qu'il tient de la main gauche. *Jean II* épousa en deuxièmes noces, en 1484, *Catherine d'Armagnac*, morte en couches, en 1489. Comme ce vitrail tout entier est consacré à sainte *Catherine*, la figure à genoux qui se trouve à l'autre extrémité à droite, ne peut être que *Catherine d'Armagnac* elle-même. Ce vitrail ne serait donc pas antérieur à 1484; aussi la plus

---

(1) *Ancien Bourbonnais*. Voyage pittoresque, page 35.
(2) *Ancien Bourbonnais*. Voyage pittoresque, page 85.

grande partie est-elle exécutée dans le style de la fin du xv⁰ siècle. La figure seule de sainte *Catherine* date des premières années du xvi⁰ siècle. Pour l'intercaller au centre de la composition, un des meneaux perpendiculaires a été enlevé et remplacé par une armature en fer.

Je commencerai par la légende de sainte *Catherine* qui est représentée en cinq tableaux dans les compartiments formés par les ramifications des meneaux.

N⁰ 1. A droite et dans le bas, sainte *Catherine* se présente devant l'empereur Maximin assis sur son trône, le sceptre à la main, une idole à côté élevée sur une colonne. *Catherine* s'efforce de convertir l'empereur au vrai Dieu.

N⁰ 2. A gauche *Catherine* discute avec les grammairiens et les rhéteurs que l'empereur a fait prévenir secrètement de se rendre au prétoire d'Alexandrie, leur promettant d'immenses récompenses, s'ils l'emportaient sur les argumentations de la Vierge.

N⁰ 3. Au milieu, *Catherine* est condamnée à périr déchirée par plusieurs roues. Elle prie le Seigneur à genoux pour que cette machine serve à la gloire de son nom et à la conversion du peuple. On voit dans le ciel l'ange qui brise cette machine et la fait éclater avec tant de force, que ses débris tuent quatre mille gentils.

N° 4. A droite *Catherine* est décapitée.

N° 5. A gauche les anges l'emportent dans leurs bras. L'un d'eux tient sa tête et la rapproche du corps.

Rien n'est plus gracieux et plus poétique que ce dernier tableau. Dans les plus petits meneaux des philactères sur lesquels est écrit : CATERINA.

Au centre, entre les meneaux perpendiculaires :

Sainte *Catherine* nimbée foule aux pieds une figure qui doit être l'empereur Maximin son persécuteur ou la personnification de la royauté (elle était la fille unique du roi Costis). En cette qualité, elle est ordinairement représentée la couronne sur la tête. Cette couronne, on le voit, a été brisée probablement en 93. *Catherine* porte les cheveux longs, un collier d'or, un manteau de pourpre à collet d'hermine, doublé de la même fourrure, rattaché sur les épaules par une agrafe d'or entou-

rée de perles. Sous le manteau, une première jupe bleue damassée d'arabesques, entre lesquels on distingue un oiseau de proie combattant une chimère, des fleurs de lys en fer de lance, et enfin une devise : RAISON. P. TOUT. La dernière jupe est blanche. La sainte tient de la main droite un livre, et de la gauche, une longue épée (celle qui lui a coupé la tête); à ses pieds sont les fragments de la roue dont il a été question dans sa légende.

La figure qui se trouve sous ses pieds porte la couronne d'Orient tient un sceptre et son manteau est garni de franges d'or.

Le fonds est une étoffe de damas vert, bordé d'or et de perles. Dans l'architecture du haut, on aperçoit des modillons après lesquels essaient de grimper des enfants.

Au centre du haut, une tête d'ange ailée; des rinceaux terminent le tout.

Cette figure se distingue par l'élégance un peu maniérée de l'époque de la Renaissance Italienne; elle est comme une réminiscence de l'école du Vinci, et rappelle surtout le type d'une charmante Vierge que ce maître a peint à fresque dans le couvent de S. Onufre à Rome

A gauche de sainte *Catherine*, extérieure

ment, *Jean II*, sixième duc de Bourbon, tête nue, à genoux, les mains jointes, un manteau de pourpre à collet de fourrures, dessous, une robe damassée d'un rouge jaune, garnie également de fourrures.

Derrière lui et debout, saint *Jean Baptiste* montrant avec l'index de la main droite, l'Agneau de Dieu, couché sur le livre des évangiles qu'il tient de la main gauche. Sous le manteau bleu apparaît une tunique blanche rattachée avec des cordes sur le bras droit. Fond damassé amaranthe.

A côté de saint *Jean*, saint *Charlemagne*, nimbé debout, la couronne impériale sur la tête, les cheveux longs, tient un glaive de la main droite et un globe de la gauche. Sous le manteau de pourpre, rattaché par une riche agrafe, on aperçoit une armure d'or et une cotte de maille à la cuisse droite. Même fond.

Aux pieds de son patron, saint *Charlemagne* et tourné vers sainte *Catherine*, *Charles II* (1),

---

(1) Les auteurs de l'*Ancien Bourbonnais* l'avaient pris pour Jean II, et avaient été frappés de la ressemblance de ce prince avec Charles X.

frère de Jean II, septième duc de Bourbon, cardinal-archevêque et comte de Lyon, primat des Gaules, évêque de Clermont, gouverneur de Paris et de l'Ile de France, chef des conseils de Louis XI, abbé d'Issoire, prieur du couvent de Sainte-Croix-de-la-Voûte, protonotaire apostolique et légat d'Avignon, abbé de Grandmont, prieur de Saint-Pourçain, de l'Ile Bourbon près Lyon, de Sauxillange et de Saint-Rambert, abbé de Menat, duc du Bourbonnais en 1488, mort en 1488, tête nue, à genoux, les mains jointes, un rochet laisse apercevoir au collet et aux manches la robe de cardinal ; une aumusse sur le bras droit Au-dessus et tourné vers sainte *Catherine* un ange vêtu d'une longue robe.

A droite de sainte *Catherine* extérieurement :

Catherine d'Armagnac, mariée en 1484 à Jean II, morte en couches à Moulins en 1487, en mettant au monde un fils appelé Louis ou Jean, qui ne vécut que seize jours ; la tête coiffée d'une capeline brune ; pièce du corsage de même couleur. A genoux, les mains jointes, plusieurs bagues à l'annulaire de la main droite, un chapelet entre les doigts.

Robe damassée d'un rouge-jaune, garnie d'une fourrure tigrée.

Au-dessus et debout :

Sainte *Anne*, nimbée, un voile et un manteau blanc. Robe pourpre, le bras gauche passé derrière la tête de la *sainte Vierge* enfant et la main droite dirigée vers le livre que la jeune fille tient entre ses mains. De cette dernière figure, il ne reste que la bouche et le bas du visage. Cheveux longs, robe bleue ; fond amaranthe damassé. Les plombs limitant la tête de la *sainte Vierge*, n'indiquent pas de nimbe, il y a lieu de croire qu'elle avait une couronne avec laquelle les artistes du moyen-âge la représentaient ordinairement.

En avant de sainte *Anne* et de la *sainte Vierge* dans l'autre compartiment, près de sainte *Catherine* : *Anne de France*, fille de Louis XI, mariée à *Pierre II*, huitième duc de Bourbon, en 1474. A genoux, les mains jointes, capeline noire. médaillon d'or placé à la partie supérieure du front, qui, sous François Ier, prit le nom de *Ferronnière*, corsage noir orné de ganses d'or. Robe pourpre.

A côté d'elle :

Pierre II, frère de *Jean II*, huitième duc de

Bourbon en 1488, mort en 1503, fit construire les voûtes de la Collégiale telles qu'elles existent aujourd'hui, à genoux, les mains jointes, tête nue, cheveux courts. Robe pourpre.

A côté d'*Anne*, à genoux et les mains jointes, *Suzanne de Bourbon*, fille de Pierre II et d'*Anne*, née en 1491, mariée en 1505 à *Charles*, comte de Montpensier, plus tard connétable de France. Robe verte.

Entre *Anne* et *Pierre II* :

Charles, leur fils, mort en bas-âge, à genoux, les mains jointes, robe verte. Au-dessus, un ange vêtu d'une longue robe blanche ; fond bleu damassé.

D'après l'âge que Suzanne de Bourbon paraît avoir, ce vitrail daterait des deux dernières années du xve siècle, excepté sainte Catherine qui a été insérée plus tard dans cette verrière et qui date évidemment du xvie siècle.

N° 2.

Vitrail du Christ en Croix.

Au milieu d'arcatures de la fin du xve siècle on aperçoit *Notre-Seigneur Jésus-Christ* en croix, deux anges recueillent avec amour dans un calice le sang qui coule des deux mains percées par les clous ; un autre, le sang de la blessure du côté ; et le quatrième, celui des pieds, transforés par un seul clou. Au-dessus attachée à la croix l'inscription : INRI, qui veut dire : *Jésus de Nazareth, Roi des Juifs.* Dans le compartiment à droite, la *très-sainte Vierge*, les mains croisées sur la poitrine en signe d'extrême douleur ; dans celui de gauche, saint *Jean l'Evangéliste* dans l'attitude de la désolation ; dans les meneaux du haut, anges portant les instruments de la passion, l'échelle, la croix, la colonne, la lance, l'éponge attachée à un bâton, la couronne d'épine ; enfin un ange à l'extrémité inférieure du meneau de gauche, verse dans un plateau de métal de l'eau contenue dans un petit vase. C'est probablement un souvenir de l'eau sortie avec le sang du côté de Notre-Seigneur et le symbole soit de l'église, soit des sacrements et principalement du baptême et de l'Eucharistie.

Il nous reste maintenant à expliquer pourquoi on trouve au pied de la croix, d'un côté une tête de mort, et de l'autre un tibia. Dans le volume de son *Année liturgique* qui traite de la Passion, Dom Gueranger raconte (1) : « La
« *colline* sur laquelle s'élève l'étendard de
« notre salut, s'appelait : *le Calvaire*, nom qui
« signifie un crâne humain, et la tradition de
« Jérusalem porte que c'est en ce lieu que
« fut enseveli le père des hommes et le pre-
« mier pécheur. Les saints docteurs des pre-
« miers siècles ont conservé à l'église la mé-
« moire d'un fait si frappant ; saint Basile,
« saint Ambroise, saint Jean Chrysostôme,
« saint Epiphane, saint Jérôme, joignent leur
« témoignage à celui d'Origène, et les tradi-
« tions de l'Iconographie chrétienne s'unis-
« sant à celle de la piété. On a de bonne heure

---

(1) page 567.

« adopté la coutume de placer en mémoire
« de ce grand fait un crâne humain au pied
« de l'image du Sauveur en croix. »

On trouve dans l'Evangile apocryphe de Nicodème, une curieuse et poétique légende de cette tradition.

Adam avait vécu 930 ans et était fort malade. Seth, son fils, s'en alla trouver l'ange qui gardait l'entrée du paradis terrestre et lui demanda de l'huile de miséricorde pour en frotter son père et lui rendre la santé. L'ange lui donna une graine de l'arbre qui avait été la cause du péché d'Adam et lui dit de la planter, en ajoutant que lorsque cette graine produirait des fruits, son père guérirait. A son retour, il trouva son père mort et l'ensevelit dans le même jardin, dit on, où Notre-Seigneur a été crucifié et enseveli.

Seth planta la graine sur le tombeau de son père; elle devint un grand arbre qui continua à croître jusqu'au temps de Salomon. Ce roi le fit couper peu de temps après son avènement et le fit placer comme une marche pour arriver à son temple.

La reine de Saba, quand elle visita le roi Salomon, aperçut cette pièce de bois et prophétisa que la mort de celui qui serait suspendu à cet arbre, serait cause de la destruction du royaume des Juifs. Salomon, effrayé, le fit enfouir le plus profondément qu'il lui fut possible ; mais à l'époque de la Passion de Notre-Seigneur Jésus-Christ, cet arbre se retrouva à fleur de terre et fut choisi pour former la croix à laquelle Notre-Seigneur devait être attaché.

Sur les monuments plus anciens (1), au lieu de placer au pied de la croix une tête de mort et des os, on y représente Adam en chair et en os, surgissant de son tombeau et guéri par cette résurrection de la maladie de la mort que le péché lui avait inoculée.

Au pied de la croix qui se trouve sur ce vitrail, pendent de chaque côté des glands rouges qui ne peuvent qu'appartenir à un chapeau de cardinal. Quand on examine un petit monument en pierre (2) qui se trouve

---

(1) Notamment sur un émail du commencement du xiiie siècle qui se trouve au musée de Nevers.

(2) Un Calvaire sculpté en pierre se trouve dans l'ancienne sacristie de la cathédrale et faisait partie d'un retable qui conserve encore quelques traces de sa décoration polychrome.

dans la vieille sacristie, on est très-fondé à croire que ces glands sont une indication du chapeau de Charles II, cardinal de Bourbon, qui, par conséquent, aurait commandé ce

Ce Calvaire est abrité sous un dais du commencement du xvi° siècle. Ce dais formé par trois arcatures à jour bilobées, s'appuie sur deux faisceaux de colonnettes, dans lesquels apparaît à droite, un ange tenant un phylactère, et à gauche, une sainte, les mains croisées sur la poitrine ; à chaque division des arcatures du dais, figurent quatre statuettes de saints ou de patriarches tenant à la main des phylactères.

Notre-Seigneur Jésus-Christ est attaché à la croix par trois clous. Le titre de la croix se trouve au-dessus de sa tête ; à droite et à gauche de la croix, sur des pendentifs, la *sainte Vierge* et *saint Jean* debout. Le pendentif de la sainte Vierge est terminé par l'écusson de Charles II, cardinal de Bourbon, septième duc de Bourbon, qui porte ses armes : *d'azur à trois fleurs de lys d'or au bâton de gueules brochant sur le tout*. L'écusson est timbré d'un *chapeau*, garni de cordons entrelacés en losange avec trois rangs de houppes qui font en tout pour chaque cordon six de chaque côté, posées 1, 2, 3. Une croix en pal est posée derrière l'écu.

Le pendentif de *saint Jean* est terminé par le monogramme du *Christ*.

Charles II a été généralement jugé très-sévèrement par tous les historiens. Il est bon de faire remarquer qu'il déposait volontiers au pied de la croix le signe de sa principale dignité.

vitrail. Sur ce Calvaire en pierre, ce ne sont pas seulement les glands qui sont placés aux pieds de la croix, mais bien les armes même de *Bourbon* surmontées du chapeau de cardinal.

N° 3.

Vitrail de la Sainte Vierge, Saint Pierre et de Sainte Barbe.

Afin de pouvoir facilement discerner la vérité au milieu des interprétations données à ce vitrail, il convient de remarquer d'abord qu'il a été copié à la fin du siècle dernier ou au commencement de celui-ci par M. Dufour et que l'*Ancien Bourbonnais* a reproduit exactement son dessin. Or, dans ce dessin, on voit qu'à l'époque où il a été exécuté, il manquait au-dessous de la main de sainte Barbe qui soutient la tour, toute la partie du bas qui est restée en blanc, comme on peut s'en assurer en ouvrant l'*Ancien Bourbonnais*. Notre vitrier ou quelque restaurateur naïf et ignorant, ont pensé qu'il fallait remplir ce vide, et ils ont pris au hasard une figure tirée des verrières détruites, sans s'inquiéter si elle devait tenir la place d'un homme ou d'une femme; une figure d'homme fut choisie au hasard, et on hésita d'autant moins à la prendre pour le portrait du comte de Montpensier, qu'on croyait avoir sous les yeux, de l'autre côté, *Pierre II* agenouillé en avant de son patron saint *Pierre*.

J'avoue moi-même avoir partagé cette erreur, en m'appuyant sur la présence de sainte *Barbe*. Sainte *Barbe* était d'une grande beauté (1). Son père *Dioscore*, afin que nul homme ne pût la voir, la renferma dans une tour. La renommée d'*Origène* étant arrivée jusqu'à sainte *Barbe*, elle lui écrivit, afin qu'il lui fît conaître le vrai Dieu. Celui-ci lui dépêcha un serviteur qui, après lui avoir expliqué les sacrés mystères de la religion, la baptisa. Pendant l'absence de son père elle

---

(1) Légende dorée (2ᵉ volume).

fit ajouter une troisième fenêtre aux deux qui existaient déjà dans sa tour, et à son retour son père lui en ayant demandé la raison, elle répondit que c'était le symbole de la *Trinité*. Connaissant par cette réponse que sa fille était chrétienne, il tira son épée pour la tuer et bientôt la livra au proconsul Marcien qui, après l'avoir fait torturer inutilement, la condamna à avoir la tête tranchée. Dioscore voulut exécuter lui-même la sentence ; aussi la punition de son crime ne se fit pas attendre, et il fut foudroyé instantanément. C'est en souvenir de ce fait, que les Artilleurs l'ont prise pour patronne, et comme le comte de Montpensier, plus tard le fameux connétable, était grand-maître de l'artillerie, l'interprétation pouvait se soutenir jusqu'à un certain point. Voyons maintenant où est la vérité, et si le lecteur veut me suivre en regardant le vitrail ou la copie de l'*Ancien Bourbonnais*, j'espère qu'il ne restera aucun doute dans son esprit.

En examinant les meneaux flamboyants qui sont les plus bas, on aperçoit dans la flamme qui les termine, un écusson à droite et un écusson à gauche. L'écusson de droite se traduit ainsi : *D'azur à 3 guidons de gueules*; ou encore pour pallier la faute de blason en mettant couleur sur couleur : *D'azur à 3 lances d'or avec leurs guidons de gueules futés d'or posés 2 et 1*; ces armes sont certainement celles du personnage agenouillé en avant de son patron et qui devait s'appeler Pierre ; avant qu'on eut intercallé sur la draperie de son prie-Dieu une grosse fleur de lys atrocement moderne, les trois guidons s'y trouvaient comme l'indique le dessin de l'*Ancien Bourbonnais*, et même on en distingue encore un très-exactement sur le vitrail. Si on examine maintenant l'autre écusson, il est parti *d'azur à un guidon de gueules futé d'or*, (qui sont la moitié des armes du personnage ci-dessus), parti *d'azur à une rencontre de cerf d'or*, qui est l'écusson bien connu de la famille *Cadier* (1 et 2). La femme de notre personnage

---

(1) Voir l'*Armorial du Bourbonnais*, par le comte G. de Soultrait, page III. — Moulins, Desrosiers, 1857.

(2) La famille *Cadier* est une des plus illustres de notre Bourbonnais ; plusieurs de ses membres appartenaient au chapitre de la Collégiale.

Jean de *Cadier*, doyen de la Collégiale de Moulins, à la tête

qui s'appelle *Pierre* et dont nous ne connaissons pas encore le nom patronymique, était donc une *Cadier*, et de plus elle s'appelait *Barbe*, puisqu'elle était agenouillée devant sa patronne sainte *Barbe* qui la présentait à la *Sainte Vierge*. Cette *Barbe Cadier* ne se trouve ni dans la généalogie des *Cadier* de 1764 (1), ni dans celle de 1847 (2). Néanmoins d'après notre vitrail son existence à la fin du xve siècle ou au commencement du xvie ne saurait être mise en doute. Maintenant quel était le nom patronymique de son mari dont le prénom était *Pierre ?* Il faut le chercher évidemment dans les familles qui portent des *guidons*

---

de son chapitre reçut le 5 août 1442, Agnès de Bourgogne, veuve de Charles Ier de Bourbon, qui venait poser la première pierre du chœur de cette église, il fit deux fondations en 1455 et d'autres en 1458.

— Louis de *Cadier*, chanoine de la Collégiale en 1441, maître des requêtes de l'hôtel du duc de Bourbon.

— Michel de *Cadier*, chanoine de la Collégiale, conseiller et maître des Comptes du Bourbonnais en 1449.

(*Généalogie des Cadier* 1664.)

(1) Par M. R. D. Riom. René Candèse.

(2) *Histoire généalogique de la Maison de Cadier de Veauce*, Paris, 1847.

dans leurs armes. Charles Segoing (1) n'en donne que trois : 1° *Baronnat : d'or à 3 guidons d'azur au chef de gueules chargé d'un Lyon Léopardé d'Argent* qui diffère trop par son *chef* de l'écusson de notre vitrail. 2° et 3° *Vasselot* et *Lachesnaye* tous les deux : *d'Azur à 3 lances avec leurs guidons d'or*, le mari d'*Anne Cadier* pourrait bien être l'un de ces deux noms ; d'autant plus que leurs armoiries ne diffèrent pas sensiblement de celles décrites plus haut.

Au lieu du duc Pierre II et du comte futur connétable, nous n'avons donc sous les yeux que deux simples donataires du nom de *Pierre X.....* et *Barbe Cadier*, qui étaient très-nobles d'ailleurs.

Ceci posé, je passe à la description du vitrail.

A droite, saint *Pierre* debout, clefs dans la main gauche, la main droite baissée dans l'attitude de présenter le personnage à genoux à la Sainte Vierge. Celui-ci, cheveux

---

(1) *Trésor Héraldique* ou *Mercure Armorial*, in folio, Paris 1662.

longs, les mains jointes, robe rouge, escarcelle pendue au côté, agenouillé devant un prie-Dieu, dont la draperie affublée d'une grosse fleur de lys moderne laisse encore apercevoir un guidon rouge. A côté de saint Pierre, deux anges dans l'attitude de la prière, vêtus de robes blanches, l'un porte une étole verte.

Dans le compartiment du milieu, la Très-Sainte Vierge nimbée, couronnée (1), les cheveux longs, assise sur un trône, tenant sur son giron l'Enfant Jésus. Le trône surmonté d'un dais vert damassé, rehaussé de fleurons et de rosaces d'or.

Derrière le trône, à droite et à gauche, trois anges vêtus de blanc, avec des étoles d'or, les mains jointes, dans l'attitude de la prière.

La Sainte Vierge vêtue d'une robe violette à la bordure d'or, chargée de perles et de diamants, manteau bleu doublé d'hermine à la bordure d'or.

Sainte *Barbe*, nimbée, cheveux longs, por-

---

(1) La couronne est remplacée par un verre moderne.

tant une tour de la main droite. Robe violette, manteau bleu, retenu par une agrafe ornée de perles. A côté d'elle, deux anges en adoration tournés vers la Sainte Vierge, robe blanche, sans étole. Je ne mentionnerai pas davantage la figure au-dessous, à genoux, les mains jointes, qu'on a prise pour le connétable. Il est bien établi qu'elle n'a été placée là qu'après coup.

Dans les meneaux du haut, huit anges jouant de divers instruments.

Le premier, à droite et plus bas, tient une *chevrette* qu'on a appelé plus tard *cornemuse*;

Le deuxième, en montant, pince de la *harpe*;

Le troisième tient une *viele* ou une *viole*, dont il joue avec un archet;

Le quatrième joue de la *flûte*;

Le premier, à gauche et plus bas, tient un *psalterion* sur ses genoux et en touche à l'aide de deux *plectrums*;

Le deuxième tient une *trompe*;

Le troisième un *triangle*;

Et enfin le quatrième pince de la *guiterne*.

Sur les deux phylactères du haut, inscriptions indéchiffrables que je livre aux érudits.

N° 4.

Vitrail de l'Arbre de Jessé.
Légende de Sainte Anne et de Saint Joachim.

Compartiment de droite, (celui de *gauche a été brisé*). — Au milieu, la Sainte Vierge, robe blanche, manteau bleu (la tête est brisée), il reste seulement la circonférence en plomb du nimbe ; outre le nimbe, elle devait avoir une couronne de douze étoiles. On aperçoit la lune sous ses pieds, conformément au chapitre XIII de l'Apocalypse de saint Jean.

..... Mulier amicta sole et luna sub pedibus ejus et in capite ejus corona stellarum duodecim.

« ..... Une femme revêtue du soleil, ayant la
« lune sous ses pieds, et sur sa tête une cou-
« ronne de douze étoiles. » Au-dessus d'elle, l'Enfant Jésus nimbé, bénissant de la main droite, assis au milieu d'une auréole formée par des rayons d'or.

Dans le bas du panneau *Jessé* couché (la tête est brisée), une branche verte de l'arbre généalogique de N.-S. J.-C. sort de sa poitrine. Au-dessus de lui, son fils, le roi *David*, le sceptre à la main (manque la tête), son nom écrit sur une des courroies de la bride de son cheval richement caparaçonné. Il est très-rare de trouver à cheval un des rois de Judas dans les arbres de Jessé que l'on connait. Ici on devrait rencontrer le fils de *David*, le roi *Salomon* ; mais l'arbre est interrompu par plusieurs brisures. On aperçoit néanmoins le nom du fils de *Salomon*, *Roboam* à moitié brisé. L'arbre se termine par *Mathan*, par son fils *Jacob* et par son petit-fils *Joseph*, qui épousa la Très-Sainte Vierge. De l'autre côté, à gauche de l'Enfant Jésus et de la Sainte Vierge, sont placés parallèlement au bisaïeul, à l'aïeul et au père putatif de N.-S. J.-C. le bisaïeul, l'aïeul et le père de la Sainte Vierge, c'est-à-dire *Panther*, *Barpanther* et *Joachim*. Cette généalogie de Joachim ne se trouve pas ordinairement dans l'arbre de *Jessé* qui (d'après l'Evangile de saint Mathieu, ch. 1er), ne contient que la généalogie de Joseph, mais on la lit à la huitième leçon du *Bréviaire du Dimanche dans l'octave de l'Assomption*, *fête de saint Joachim*. A gauche, plusieurs autres personnages dont on déchiffre les noms difficilement, se rattachent à l'arbre généalogique. Ce vitrail a subi dans la partie inférieure de grandes mutilations. C'est là où le vitrier a introduit une inscription mutilée qui n'a aucun rapport avec l'arbre de Jessé. La partie supérieure est très-bien conservée et contient la légende de saint *Joachim* et de sainte *Anne*, qui est tirée des écrits des Pères et surtout du Protévangile attribué à saint Jacques.

Saint *Joachim* descendait de la royale et prophétique famille de *David* et de *Salomon*, selon ces paroles de saint Jean Damascène : « De la race de David, Lévy engendra Melchi et Panther, Panther engendra Barpanther (ainsi était son nom), et enfin Barpanther engendra *Joachim* (1). »

Quand il eut revêtu la robe virile, *Joachim* épousa *Anne* qui descendait comme lui de la famille de David. Après leur mariage, ils avaient fait trois parts de leurs biens : la première pour les offrandes au Temple, la

---

(1) De fide, orthod. lib. IV, ch. XVI. Cité dans la *Grande Vie des Saints*, par Collin de Plancy. 20 mars.

deuxième pour les pauvres, et la troisième pour l'entretien de leur famille.

Après avoir jeté les yeux sur deux anges qui se trouvent à l'extrémité de l'ogive, l'un jouant de la viole, l'autre de la flûte, on trouve au-dessous deux compartiments. Dans celui de droite, on aperçoit à droite saint *Joachim,* manteau rouge, capuchon violet, robe bleue, escarcelle à la ceinture.

Sur le devant, un cul-de-jatte habillé de vert, appuyé de la main gauche sur une petite béquille, tendant de la droite son chapeau dans lequel *Joachim* remet de la main gauche une pièce de monnaie. *Joachim* également de la droite jette une offrande dans la sébille d'un boiteux habillé de gris. Au-dessus de saint *Joachim,* sainte *Anne*, robe bleue, coiffe blanche. Dans le fond, un pauvre semble lui découvrir sa tête pour lui appliquer quelque remède.

Joachim et *Anne* distribuent là évidemment la part de leurs biens destinés aux pauvres. A côté, à gauche, dans l'autre compartiment, il s'agit de l'offrande au Temple. Dans le fond, deux prêtres, assis à côté d'un autel de forme cylindrique sur lequel est ouvert le livre de la loi. Devant l'autel, saint *Joachim* et sainte *Anne* offrent chacun un agneau qu'ils tiennent entre leurs mains.

Saint *Joachim* et sainte *Anne* étaient mariés depuis vingt ans et n'avaient point eu d'enfants. A cette époque, la stérilité était regardée comme un véritable déshonneur. Un jour *Joachim* était allé présenter son offrande au Temple, le prêtre refusa de la recevoir, en alléguant la stérilité d'Anne.

Joachim profondément humilié, se retira dans le désert où il demeura quarante jours et quarante nuits dans le jeûne et dans la prière. Dans le bas, à droite extérieurement, on le voit à genoux, vêtu du costume indiqué plus haut.

Pendant ce temps-là, *Anne* au comble de la désolation, soit à cause de l'absence de son mari, soit à cause de sa stérilité qu'une servante lui avait encore reprochée grossièrement, entra dans son jardin vers la neuvième heure et commença à prier, et comme elle était sous un laurier, elle vit un nid d'oiseaux où il y avait des petits. Cette vue augmenta sa douleur, elle cria au Seigneur et se plaignit amèrement de ce qu'elle demeurait dans la stérilité pendant que les animaux produisaient leurs petits devant le Seigneur.

Nous la voyons dans le bas à gauche, à genoux et priant. Une touffe verte que l'on aperçoit également, doit être le laurier qui contenait le nid d'oiseaux. Au-dessus, un ange descend vers elle et lui annonce que ses vœux seront exaucés, qu'elle va retrouver son mari et qu'ils se rencontreront sous la porte Dorée. Un autre ange, de l'autre côté, fait à Joachim la même communication. Il quitte alors le désert pour revenir chez lui.

Dans le compartiment du milieu, les deux époux se rencontrent sous la porte Dorée, s'embrassent avec une douce émotion, et se font mutuellement part de leur bonheur.

N° 5.

Premier vitrail de l'Église Militante et Triomphante. — Les Martyrs

Les deux verrières qui suivent, sont consacrées à l'*Eglise militante et triomphante.* Dans la première, les Martyrs subissent le supplice du fouet et du crucifiement, plutôt que de renier leur foi ; dans la seconde, les Croisés combattent les armes à la main contre les ennemis de cette même foi, et après avoir donné tout leur sang, les Martyrs et les Croisés entrent dans la gloire éternelle.

On reconnaît là nos maîtres anciens qui, dans leur modestie, ne signaient jamais leurs œuvres, mais se préoccupaient seulement de leur imprimer le cachet d'un enseignement de chaque jour et d'une prédication incessante. Eh bien ! croirait-on qu'un écrivain de notre époque ait lancé l'anathème contre l'artiste de cette verrière. M. Montegut (car c'est encore lui), ne reconnaît pas probablement le droit de formuler une excommunication à celui qui en a seul le pouvoir, mais il s'arroge le privilége d'en user quand bon lui semble. L'excentricité est tellement forte, que pour y croire, il faut la lire signée de sa main.

« (1) Parmi ces verrières, dit-il, il en est
« une qui n'a jamais été remarquée ni décrite,
« et dont la singularité est cependant bien
« faite pour arrêter l'attention de l'observa-
« teur. Divisée en trois parties, elle ne re-
« présente rien d'autres que les scènes si
« familières à toutes les imaginations chré-
« tiennes de la Flagellation, du Crucifiement
« et de la Résurrection, mais elle les repré-
« sente en les multipliant, comme un cristal
« à facettes qui reproduit vingt images du
« même objet. Il n'y a pas une seule Flagella-
« tion, il y en a trente ; il n'y a pas un seul
« Crucifiement, il y en a dix ; les Résurrec-
« tions sont un peu moins nombreuses, parce
« que la représentation de cette scène de-
« mande plus d'espace que celle des deux

---

(1) *Tableau de la France en Bourbonnais et en Forez,* p. 55, 56, 57.

« autres, toutefois, il y en a bien cinq ou six.
« Ce qui augmente encore l'obscurité de cette
« énigme, c'est qu'aucun de ces flagellés liés
« à la colonne, et de ces suppliciés mis en
« croix, n'offre les traits traditionnels du
« Christ; la singularité est telle, qu'ayant
« d'abord arrêté nos yeux sur la première
« verrière seulement, nous avons cru à quel-
« que histoire légendaire d'une légion thé-
« béenne quelconque qui nous était inconnue,
« et qu'il a fallu, pour nous détromper, le
« voisinage des deux autres qui ne permettent
« aucun doute. Ce sont donc bien les der-
« nières scènes de la vie de Jésus que
« l'artiste a voulu nous représenter, mais
« comment expliquer cette étrange fantaisie?
« Vainement j'ai cherché et demandé une
« explication ; ce détail ne semble encore
« avoir frappé personne, ce qui prouve avec
« quelle facilité les choses souvent les plus
« hétérodoxes, peuvent se glisser dans les
« doctrines et les institutions les mieux sur-
« veillées. » Puis après avoir raconté l'histoire d'une chape faite avec une étoffe d'Orient sur laquelle était écrit : *Allah est Allah, et il n'y a pas d'autre Dieu qu'Allah*, chape dont se

servaient des prélats pour accomplir les cérémonies de la religion chrétienne, il conclut ainsi : « Il me semble que cette verrière a « quelque chose d'analogue, et que la cathé- « drale de Moulins compte parmi ses parures « un ornement d'origine singulièrement hé- « rétique. »

Est-ce assez clair ? L'honorable clergé qui depuis près de quatre siècles entre chaque jour dans ce sanctuaire et y *surveille les doctrines et les institutions*, a laissé se glisser dans la cathédrale *les choses les plus hétérodoxes*, et il faut se hâter d'en faire sortir au plus vite *un ornement singulièrement hérétique.*

Tel est l'arrêt signifié par M. Montegut.

Au lieu de cette absurde multiplication du supplice de N.-S. que vous servez, monsieur, à vos lecteurs bénévoles, le plus simple écolier aurait vu de prime abord sur cette verrière, ce qui s'y trouve réellement, des chrétiens flagellés et crucifiés ; autrement dit, des *Martyrs.*

Vous dites que vous avez cru à quelque histoire légendaire d'une légion thébéenne quelconque qui vous était inconnue.

Il y a peut-être encore beaucoup d'histoires

qui vous sont inconnues, et entre autres celles du martyrologe romain.

Vous n'aviez cependant qu'à l'ouvrir au 22 juin, vous eussiez lu ce passage : *In monte Ararath passio sanctorum martyrum decem millium crucifixorum.*

Sur le mont Ararath, la passion des dix mille saints martyrs crucifiés.

S'il est constant que dix mille chrétiens ont été crucifiés sur le mont Ararath, vous m'accorderez peut-être bien les dix que vous avez comptés vous-même et qui sont en quelque sorte la personnification de tous ceux qui ont subi le même supplice.

Maintenant si vous ouvrez *Gallonius de SS. martyrum cruciatibus* (1), dont les histoires vous sont également inconnues, vous trouvez ce passage qui semble avoir été fait pour notre vitrail :

« *Sciri hoc loco debet, christianos fustibus fla-*
« *grisque tamdiu interdum cœsos fuisse, donec*
« *expirarent. Hoc modo e vita migrarunt fortis-*
« *simi Christi milites Sebastianus, Julius sena-*

(1) Rome, 1584.

« *tor, Maxima virgo, Eusebius, Vincentius, pe-*
« *regrinus, Sabbatius, aliique promiscui sexus*
« *multi.* »

« On doit savoir ici que les chrétiens
« étaient fustigés avec des baguettes et des
« fouets, jusqu'à ce que mort s'ensuivit. C'est
« par ce mode de martyr que sont sortis de
« la vie les vigoureux soldats du Christ : *Sé-*
« *bastien*, le *sénateur Jules*, la *vierge Maxime*,
« *Eusèbe, Vincent, Pèlerin Sabatius* et beaucoup
« d'autres sans distinction de sexe. »

Si vous aviez pris le temps d'étudier ce groupe des *fustigés*, vous auriez aperçu au milieu, au moins deux femmes, et de plus les deux bourreaux armés l'un d'un faisceau de baguettes, et l'autre d'un fouet composé avec des cordes, exactement comme l'indique le passage de *Gallonius*.

Maintenant, écoutez la description de ce vitrail que vous avez calomnié, et il faut espérer qu'à l'avenir vous respecterez les pauvres artistes inconnus de nos verrières et le clergé chargé *de surveiller les doctrines et les institutions.*

Dans le soubassement de l'architecture des panneaux du milieu, on voit en capitales du xvıe siècle les lettres BML. qui sont renversées dans le panneau de droite. Ce qui peut s'interpréter : *Beatis Martyribus Laus. Louange aux bienheureux Martyrs.*

Deuxième panneau à droite. — Sous une arcature du xvıe siècle, un empereur couronné assis sur son trône, barbe et cheveux longs, un large glaive dans la main gauche. Assis plus près de lui, des dignitaires de sa cour ; des gardes debout, entourant des chrétiens qui comparaissent devant l'empereur, l'un d'eux est habillé de rouge et a les mains liées derrière le dos.

Premier panneau à droite. — Un grand nombre de chrétiens ont été condamnés à être fouettés de verges jusqu'à ce que mort s'ensuive ; ils sont attachés à plusieurs colonnes, par les pieds et par le col ; au milieu, on remarque quelques femmes. Le bourreau d'en haut est armé d'un paquet de baguettes, et celui placé plus bas, vêtu d'un pourpoint vert et d'une culotte rouge, se met en devoir de les frapper avec un fouet composé de plusieurs cordes.

Dans le haut on aperçoit un paysage et des arbres.

Troisième panneau. — Dix chrétiens condamnés à être crucifiés, sont attachés à autant de croix.

Quatrième panneau. — Les anges tirent de leurs tombeaux tous les pauvres martyrs rompus et brisés ; ils les saisissent avec une sollicitude pleine de tendresse, et commencent à les emporter vers le ciel. Rien de plus naïvement expressif que cette scène singulièrement émouvante.

Au-dessus, dans les premiers meneaux qui suivent extérieurement à droite et à gauche, les anges volent vers le ciel avec leurs précieux fardeaux qu'ils serrent contre leurs poitrines. A la même hauteur, dans les meneaux du milieu, il les font asseoir à un premier banquet.

Enfin, aux derniers meneaux qui terminent la fenêtre, ils sont assis au banquet céleste, entourés par les anges qui se laissent apercevoir entièrement plongés dans la couleur bleue du ciel. En haut, le Père éternel qui les fait entrer dans sa gloire, nimbé, la tiare sur la tête, vêtu de blanc, le livre des saintes écritures appuyé sur ses genoux et qu'il montre ouvert avec sa main gauche, bénit de la main droite, au milieu une auréole entourée d'anges couleur de feu.

N° 6.

Deuxième vitrail de l'Église Militante et Triomphante. — *Les Croisés.*

Deux panneaux à droite et deux à gauche. Dans le deuxième à gauche, un donataire à genoux, devant un prie-Dieu, où se trouve un livre dans lequel on lit : MISERERE. NRI. DME. *Ayez pitié de nous, Seigneur.* Manteau brun, suivi de quatre enfants à genoux, un chien couché à côté de lui. Derrière lui, son patron debout sans nimbe, un casque et une armure, un manteau rouge, semé de croix blanches, roulé autour du corps.

Dans le premier à gauche, la femme du donataire, vêtue de rouge, également à genoux devant un prie-Dieu, où se trouve un livre dans lequel on lit : DNE MISERERE. NRI. *Seigneur, ayez pitié de nous.* Derrière elle, à genoux, deux jeunes filles, debout à côté d'elle, un évêque sans nimbe, son patron, portant une croix patriarcale. On remarquera qu'au XVIe siècle, on commence à supprimer les nimbes, et comme les saints sont également privés de leurs attributs, il est impossible de trouver leur nom.

Dans le panneau intérieur de droite, un évêque au milieu, portant en procession une *couronne verte de lauriers*, entrelacée comme une couronne d'épine. Elle est à la fois la *couronne* de la victoire terrestre et le symbole de la *couronne* immortelle que les croisés se proposent de conquérir.

L'Evêque est mîtré, il a une chape bleue doublée de jaune, en-dessous, une dalmatique violette et une tunique verte. Un prêtre revêtu d'une dalmatique, porte sa crosse devant lui.

Suivant l'évêque, le roi tenant un sceptre, manteau bleu, avec collet d'hermine, sur lequel il ne reste qu'une fleur de lys, une partie du manteau ayant été brisé. Devant celui qui porte la crosse, un prêtre revêtu d'une chape courte, Derrière le roi, un croisé portant le manteau rouge semé de croix. Tout le cortège semble s'acheminer vers un sanctuaire où la *couronne* sera bénite.

Dans l'autre panneau de droite extérieurement, le roi revêtu d'un manteau bleu fleurdelisé, doublé d'hermine, tient la *couronne* qui a été bénite par l'évêque et la remet à un chevalier à genoux, armé de toute pièce. Dans le fond, on aperçoit des chevaux blancs portant des cavaliers armés de lances et de hallebardes, et portant un guidon rouge, chargé d'une croix blanche.

Dans le panneau au-dessus, à gauche, les croisés entrent en campagne. On en remarque un sur le devant à cheval, devant lui son écuyer à pied.

Dans le fond, d'autres cavaliers portant des lances et l'étendard rouge à croix blanches. On en distingue un surtout, portant attachée à la hampe d'une lance la *couronne* bénite par l'évêque et remise par le roi à un chevalier.

Dans le panneau à côté, suite du développement de l'armée des croisés : sur le devant, un chevalier et son écuyer à pied.

Sur le même rang, à droite extérieurement, même disposition de l'armée des croisés qui poursuit sa route. Seulement sur le devant, on aperçoit un chien. Serait-ce un souvenir de celui que l'on voit aux pieds du Donataire ?

A côté de ce panneau, mêlée entre les Croisés et les Sarrasins ; en face du drapeau des Croisés, on aperçoit celui des Sarrasins qui est d'or, chargé d'un croissant de gueules.

On en voit un autre aux mêmes couleurs, mais plus petit. L'engagement devient de plus en plus vif. Sur le devant, des combattants étendus à terre et foulés par les pieds des chevaux.

Dans les meneaux de la partie supérieure, la mêlée continue toujours plus dense et plus serrée ; seulement tous les combattants sont à pied.

En haut, Notre-Seigneur Jésus-Christ, debout sur les nuages, tenant de la main gauche le même drapeau que les Croisés, semble les encourager en leur montrant de la main droite la *couronne* décrite dans les meneaux inférieurs, qu'ils ont arrosée de leur sang, suspendue aux bras même de sa croix tenue par un ange.

Plus bas, un ange porte l'échelle, un autre en face porte la lance, plus haut à la gauche de Notre-Seigneur, un ange porte la colonne.

N° 7.

Vitrail de la Sainte Vierge, de Saint Jean-Baptiste et de Saint Jean l'Evangéliste.

A l'extrémité supérieure, *Notre-Seigneur* à mi-corps, la couronne impériale sur la tête, bénit de la main droite et tient un sceptre de la main gauche.

Au-dessous la *Très-Sainte Vierge*, nimbée et couronnée, debout sur les nuages, entourée d'un chœur d'anges qui l'accompagnent dans son *Assomption*.

Dans les deux meneaux au-dessous, l'*Annonciation*.

Dans celui de droite, la *Sainte Vierge* agenouillée devant un prie-Dieu dans son oratoire.

Dans celui de gauche, un ange lui apparaissant, tenant un phylactère sur lequel est inscrit : *Ave gratia plena*.

Dans les quatre autres meneaux, légende de saint *Jean-Baptiste* alternant avec celle de saint *Jean l'Evangéliste*, comme avaient l'habitude de le faire les artistes du moyen-âge et de la Renaissance.

A droite saint *Jean-Baptiste*, nimbé, baptisant un homme dans le Jourdain. Une femme agenouillée sur la rive attend probablement le moment où elle pourra être baptisée elle-même.

En face, à gauche, saint *Jean l'Evangeliste*, dans l'île de Pathmos, assis, un livre à la main sur lequel il écrit.

Un peu au-dessous à gauche, Décollation de saint *Jean-Baptiste*; la fille d'Hérodiade Salomé au deuxième plan, attendant qu'on lui remette la tête du saint. Saint *Jean-Baptiste* avait reproché à Hérode d'avoir enlevé la femme de son frère, Hérodiade, et d'avoir répudié la sienne. Aussi Hérode l'avait fait renfermer dans un cachot. Le jour de l'anniversaire de sa naissance, Hérode offrit un festin splendide à tous les seigneurs de la Galilée.

Vers la fin du banquet, Salomé, la fille d'Hérodiade se présenta au milieu des convives et dansa avec un art si séduisant, qu'Hérode lui promit de lui accorder à l'instant ce qu'elle désirait, fut-ce la moitié de son empire.

A l'instigation de sa mère, Salomé demanda la tête de saint Jean-Baptiste. Hérode fut consterné à cette demande, mais comme la promesse avait été faite solennellement devant tous les convives, il envoya l'un des gardes à la prison, avec ordre de trancher la tête du prophète. Voilà pourquoi Salomé attend qu'on lui donne la tête de saint Jean, pour la remettre ensuite à Hérodiade.

En regard de cette dernière scène, à droite, personnage assis. Saint Jean l'Evangéliste debout, un manteau sur le bras, bénissant une coupe d'où il sort un serpent. A ses pieds, personnage étendu mort.

Le personnage assis est un grand-prêtre des idoles, *Aristodême*. Il a dit à *Jean* : « Si tu veux que je croie en ton Dieu, je te donnerai du poison à boire, et s'il ne te fait pas de mal, tu auras montré que ton Dieu est véritable ; mais je veux que tu en voies mourir d'autres avant. » Le personnage étendu à terre vient de tomber mort, après avoir pris le poison d'*Aristodême*. Alors l'apôtre saisit la coupe, et après l'avoir bénite, il la boit toute entière sans en ressentir aucun mal. Au moment de la bénédiction, on voit le poison s'échapper de la coupe sous la forme d'un serpent. Alors *Aristodême* met saint *Jean* en demeure de ressusciter le mort qui est devant eux : saint *Jean* donne son manteau à *Aristodême* en lui disant de couvrir le mort, qui ressuscite à l'instant, et l'apôtre baptise *Aristodême*.

Bas du vitrail. — Grandes figures de saints ayant devant eux des donataires agenouillés.

Dans le premier compartiment, à droite, un saint évêque revêtu d'une chasuble moyen-âge avec la croix par devant et portant à sa crosse un sudarium ou un mouchoir destiné à essuyer la sueur du visage. Donataire à genoux, vêtu d'une robe rouge garnie de fourrures. — Dans le deuxième, une sainte martyre couronnée, debout, tenant une palme de la main droite et la main gauche dirigée vers la donataire, comme pour la présenter. Celle-ci, à genoux devant elle, avec une capeline sur la tête. — Dans le troisième, un saint archevêque, portant de la main gauche une croix processionnelle présente un donataire à genoux, escorté d'un petit garçon et d'une petite fille également agenouillés. — Dans le quatrième, saint nimbé, qui pourrait être saint Antoine, à cause de la béquille en forme de *tau*, sur laquelle il s'appuie. Devant lui, agenouillées, une jeune femme et une jeune fille.

Comme dans le vitrail précédent il est bon de remarquer que les saints sont dépourvus des attributs qui pourraient les faire reconnaître et par conséquent il est impossible de déterminer les prénoms des donataires à genoux, dont ils sont les patrons : Néanmoins les figures des donataires et celles de leurs saints patrons, sont d'une belle exécution et présentent un spécimen remarquable de l'art du peintre verrier au XVIe siècle.

N° 8.

Vitrail de Sainte Barbe.

En haut, sainte *Barbe* dans l'intérieur de sa tour à genoux sur un prie-Dieu, vêtue d'une robe violette avec manteau bleu. Conformément à sa légende, la tour a trois fenêtres, une ronde et deux ogivales. Son père lui avait demandé : « Pourquoi trois fenêtres « éclairent-elles plus que deux ? » Et elle avait répondu : « Il y en a trois qui illuminent « le monde et règlent le cours des étoiles : « Le Père, le Fils et le Saint-Esprit, et ils « sont un en essence. »

Deux anges lui apparaissent. Au bas cette inscription en caractères gothiques : « *Comment les anges assistent sainte Barbe.* »

Dans le premier, à droite des deux meneaux, en dessous, sainte *Barbe* avec le même vêtement, entourée des païens et de son père, qui veulent la forcer à adorer les idoles. Dans celui de gauche, en face, on aperçoit une idole posée sur un riche piédestal, supporté lui-même par une table. Dans l'inscription dont il manque la moitié, on lit les mots : « *Sainte Barbe et idoles.* »

A la même hauteur, extérieurement à droite et à gauche, petits enfants jouant et formant des enroulements avec des philactères sur lesquels on lit plusieurs fois : *Nichil agere penitendum. Ne rien faire dont on puisse se repentir.*

Composition dans le goût et le style des petits maîtres allemands *Hans Sebald de Beham et Virgile solis*. Au-dessous :

Sainte *Barbe*, d'après la dénonciation de son père attachée à une colonne, est cruellement tenaillée par deux bourreaux, sur l'ordre du juge assis sur un trône.

Toujours attachée à la même colonne, elle est battue de verges.

Les figures dans les autres meneaux à droite et à gauche, proviennent de fragments d'autres verrières, avec lesquels le vitrier a eu la prétention de compléter celle-ci. C'est assez dire combien il serait téméraire de chercher à les expliquer.

Dans le vitrail n° 3 on a vu *Barbe Cadier* agenouillée figurer avec sa patronne, debout derrière elle, tournée du côté de la *Très-Sainte Vierge* à laquelle le vitrail est plus particulièrement consacré. Il serait très possible que Barbe *Cadier* par cette dernière raison n'ayant pu y faire représenter la légende de sa sainte patronne, ait voulu lui rendre cet hommage sur la verrière qui nous occupe en ce moment.

N° 9.

Vitrail de Sainte Marie-Madeleine.

Ce vitrail devait contenir les principaux traits de la légende de sainte *Marie-Madeleine*, mais il n'en reste plus que quatre. Deux tirés des Evangiles et deux tirés de la tradition provençale : le reste a été brisé et remplacé dans certains endroits par des fragments puisés au hasard dans le magasin du vitrier. Commençons par les deux actes contenus dans l'Evangile.

Notre-Seigneur prêche le peuple assis autour de sa chaire. Sainte *Madeleine* est accroupie avec la foule. La parole de Notre-Seigneur l'a pénétrée et la convertit.

Chez Simon le Lépreux, prosternée aux pieds de Notre-Seigneur, elle arrose ses pieds de ses larmes, les essuie avec ses cheveux, et répand sur eux un parfum précieux. Plusieurs convives à table, à droite et à gauche de Notre-Seigneur qui est debout.

Je vais maintenant expliquer les deux autres par la tradition provençale, qui a été consacrée non-seulement par la liturgie de l'Eglise latine, mais par le bréviaire d'un grand nombre d'Eglises et par celui de l'ordre de saint Dominique en particulier. Pétrarque l'a reproduit dans ses vers, et saint François de Sales lui rend aussi témoignage (1).

Après l'Ascension, *Lazare*, ses deux sœurs *Marthe* et *Marie*, *Maximin* l'un des soixante-douze disciples, *Matille*, servante de *Marthe*, *Cedon*, l'homme aveugle que Jésus-Christ avait guéri, furent mis dans un vaisseau

---

(1) Voir le journal *le Monde*, 1860, 28 et 29 mai.

par les payens et après avoir été abandonnés à la fureur des flots abordèrent à Marseille.

Madeleine voyant le peuple accourir au Temple afin d'adorer les idoles, les engagea à renoncer au culte des faux dieux, et tous restèrent grandement étonnés de sa beauté et de son éloquence (1). Bientôt, à l'aide de ses compagnons de voyage, une grande partie des habitants de Marseille se convertit et fut baptisée.

Dans le meneau de gauche, en haut, nous voyons sainte *Madeleine* administrant le baptême dans une grande cuve. Elle est entourée d'un assez grand nombre de néophytes qui attendent leur tour.

Mais bientôt, *Madeleine* avide de se consacrer à la contemplation et à la pénitence, se retira dans une grotte qui a reçu le nom de Sainte-Baume en provençal (Sainte-Caverne) (2). Ce lieu est encore un lieu de pèlerinage et est situé au bord d'un affreux précipice. Au-dessus de la grotte habitée par la

---

(1) *Légende dorée*, p. 161, vol. 1ᵉʳ.
(2) A deux heures de Nans, à 26 kilomètres de Brignolles (Var).

sainte, on voit le mont Pilon, un pic de 999 mètres, duquel elle s'élevait sept fois par jour avec le secours des anges.

Ecoutons ce que dit saint François de Sales à ce sujet dans son traité de l'*Amour de Dieu* :

« Sainte *Madeleine* ayant l'espace de trente
« ans demeuré en la grotte que l'on voit en
« Provence, ravie tous les jours sept fois et
« élevée en l'air par les anges comme pour
« aller chanter les sept heures canoniques à
« leur chœur..... »

C'est cette scène qui est représentée sur notre vitrail ; à la partie supérieure, on aperçoit un pic qui n'est autre que le mont Pilon. Des anges élèvent au-dessus de ce mont, sainte *Madeleine*, dont il ne reste que les jambes recouvertes par les bouts de ses longs cheveux.

Pendant les trente ans passés dans ce désert, elle ne communiqua avec aucun être humain, et aussi elle n'avait pour vêtement que ses cheveux très-longs et très-épais. Ce qui est exprimé d'une façon très-originale et très-poétique par des vers de Balthasar de la Barle, poëte provençal, valet de chambre du cardinal de Bourbon ;

Jamay per mauvais temps que jessa, ni fredura,
Aultre abit non avia que la siou cabellura
Que commo un mantel d'or, tant erains bels et blonds
La conbria de la testa fine al bas des tallons.

Jamais ni par le plus mauvais temps ni par la froidure,
Elle n'avait d'autre habit que sa chevelure,
Qui, comme un manteau d'or, tant ses cheveux étaient
[beaux et blonds,
La couvrait de la tête jusqu au bas des talons.

N° 10.

Vitrail du Jugement dernier.

Ce vitrail est tellement endommagé, qu'il reste tout juste les fragments nécessaires pour justifier son titre.

Dans le meneau supérieur en forme de rose quadrilobée, il ne reste que le lobe inférieur, contenant l'archange saint *Michel* et deux anges à droite et à gauche soufflant dans des trompettes,

Le lobe supérieur devait contenir Notre-Seigneur Jésus-Christ, et dans les deux lobes latéraux, devait se trouver à droite la *Sainte Vierge*, et à gauche saint *Jean l'Evangéliste*.

A droite du lobe de l'archange et au même niveau, une rose où se trouvent six apôtres nimbés entourés par quatre anges portant les instruments de la passion, la croix, les clous, la couronne d'épines.

A gauche, rose symétrique, contenant également six apôtres nimbés, entourés par quatre anges.

Un peu plus bas à droite un homme, à gauche une femme sortant de leurs tombeaux au son des trompettes.

On devait certainement trouver sur cette verrière un compartiment destiné aux Bienheureux à droite, et un autre destiné aux damnés à gauche ; mais elle a été tellement remaniée et bouleversée par le vitrier, qu'aucune conjecture raisonnable n'est devenue possible.

Entre les grands meneaux perpendiculaires, en partant de la droite, saint *Jean l'Evangéliste* qui a son nom écrit à côté de la tête, à moins qu'il n'y eut là encore un tour du vitrier.

Dans le deuxième compartiment en suivant, une sainte nimbée qui n'a pas d'attribut pour la faire reconnaître, avec une femme et son petit enfant à genoux, sans nul doute des donataires.

Dans le troisième, celui du milieu, sainte *Madeleine* probablement, nimbée, avec plusieurs enfants à genoux ; encore des donataires.

Dans le quatrième, Notre-Seigneur en croix, très-maigre et effacé dans certaines parties.

Dans le cinquième, probablement encore saint *Jean l'Evangéliste.*

Dans l'état de ruine où se trouve cette verrière, il est pour ainsi dire impossible d'en reconnaître la disposition primitive.

N° 11.

Vitrail de Saint-Jean-Baptiste et Saint-Jean-l'Evangéliste.

Ici les légendes des deux saint Jean alternent l'une avec l'autre comme nous l'avons déjà vu dans la chapelle de la sainte Vierge.

Dans le meneau supérieur, au milieu, *saint Jean-Baptiste* dans le désert, nimbé, debout, robe bleue avec une ceinture de cuir. Dans le fond, la demeure que Jean Mosch (ch. 1) attribue à saint Jean, une caverne en un lieu nommé Sapsas, environ à un mille au-delà du Jourdain qu'on aperçoit dans le fond. Le nimbe de saint Jean-Baptiste est surmonté d'un appendice blanc ressemblant à un plumet et qu'on rencontre rarement. Didron, dans son *Iconographie chrétienne* (page 8), en signale un exemple pour le nimbe de la sainte Vierge et de saint Jean l'Evangéliste sur un vitrail du XIIe siècle à saint Rémy de Reims.

A droite de *saint Jean-Baptiste, saint Jean*

l'Evangéliste dans l'île de Pathmos, dans la mer Egée où il fut relégué par Domitien. C'est là où il écrivit l'Apocalypse.

A gauche de *saint Jean-Baptiste*, un jeune homme tenant une hache levée au-dessus de sa tête.

Au deuxième rang à droite, un compartiment qui pourrait bien être sorti des magasins du vitrier. D'un côté, à gauche, il y a un grand nombre de rois assis avec couronnes et sceptres ; et à droite, comme pendant, un grand nombre de dames nobles, portant sur leurs têtes ces hennins extravagants avec des voiles empesés, brodés, qui ont des dimensions et des envergures fabuleuses, comme on les représente dans le manuscrit du *Traité des Tournois* de la bibliothèque impériale, exécuté vers la fin du xve siècle (1). Entre ces rois et ces femmes placés à droite et à gauche, les cassures empêchent de distinguer quel était le motif et le sujet de leur réunion. Il est plus rationnel de penser que ce compartiment ayant été brisé,

---

(1) **Viollet le duc**, dictionnaire du Mobilier, p. 230, 3e vol.

le vitrier l'aura rempli avec son discernement ordinaire.

Au milieu du même rang, *saint Jean l'Evangéliste* conversant avec un vieillard et trois jeunes gens et leur montrant l'Evangile.

Un philosophe, nommé *Craton*, avait conseillé à deux jeunes gens de convertir leurs biens en pierres précieuses, et de briser ensuite ces mêmes pierres, afin de se détacher entièrement des biens de ce monde. Ils avaient tenu leurs promesses. Saint Jean arrivant sur ces entrefaites, sollicita *Craton* de se convertir au vrai Dieu. Alors *Craton* lui dit : Si ton maître est le vrai Dieu, fais que ces pierres brisées redeviennent entières. *Saint Jean* prit les pierres, pria, et elles redevinrent dans leur premier état. Les deux jeunes gens et le philosophe crurent en Dieu, vendirent leurs pierreries et les distribuèrent aux pauvres. Deux autres jeunes gens, touchés de cet exemple, vendirent tout ce qu'ils possédaient, l'employèrent en aumônes et suivirent l'apôtre. Mais ils faiblirent bientôt devant les privations qu'ils eurent à subir, et comme ils étaient sur le bord de la mer, *saint Jean* leur dit de ramasser quelques menus caillonx qu'il changea en or et en pierres précieuses. « Allez racheter vos terres leur « dit *saint Jean*, car vous avez perdu la grâce « de Dieu, » et il commença à leur exposer comment six choses devaient nous détourner de la convoitise des richesses, et il leur montre la *première* qui est l'Ecriture sainte (1).

A la même hauteur, à gauche, *saint Jean-Baptiste* avec un nimbe surmonté du même plumet, reproche à Hérode d'avoir enlevé la femme de son frère, après avoir répudié la sienne.

En continuant jusqu'au bord extérieur de la fenêtre, saint Jean l'Evangéliste encore dans l'île de Pathmos. Dans le fond on aperçoit un cheval.

Saint Jean avait confié à un évêque un jeune homme qui avait très-mal tourné, s'était enfui dans le désert et était devenu chef de brigands. *Saint Jean* n'hésite pas ; il va monter ce cheval que nous venons de voir dans le fond ; et au-dessus on aperçoit le jeune homme que nous avons déjà décrit,

(1) Voir la légende Dorée, p. 5 et 52.

tenant sa hache levée, pour arrêter *Jean* et l'empêcher de le convertir ; mais il cède bientôt et embrasse un autre genre de vie.

Dans le rang inférieur à celui que nous venons d'interpréter à gauche, *Hérode* donnant un grand repas à tous les seigneurs de la Galilée.

A droite *saint Jean-Baptiste* décollé par un soldat.

Au milieu du même rang, *Hérodiade* emportant dans un plat de métal la tête de *saint Jean-Baptiste* qu'elle donne à sa belle-mère.

En terminant cette description, il est bon de remarquer la forme disgracieuse de la fenêtre qui encadre cette verrière et qui heureusement se trouve un peu dissimulée extérieurement. Je ne la signale pas parce qu'elle ne ressemble pas aux autres, ce qui n'est jamais un défaut dans l'architecture ogivale comme on peut le voir aux fenêtres du chœur de la Collégiale ; mais parce qu'elle offre un specimen de ce goût erroné de la mauvaise époque du style de la renaissance qui a la prétention de détrôner l'ogive.

N° 12.

Vitrail de Sainte-Elisabeth.

Trois compartiments sont à peu près intacts. Tout le reste a disparu en partie.

Dans celui de droite, on aperçoit *sainte Elisabeth* pendant le sermon, assise par humilité parmi les pauvres.

Dans celui du haut, *sainte Elisabeth* revêtue du costume de l'hôpital qu'elle avait fondé à Marburg, distribue du pain et de l'argent aux pauvres et aux infirmes.

Dans celui de gauche, personnages de toutes les conditions, à genoux devant son tombeau où s'opèrent de nombreuses guérisons.

Ce tombeau se trouvait à Marburg dans l'église que la sainte avait fondée, et qui, par suite de l'Apostasie de la maison de Hesse est devenue Luthérienne.

En plusieurs endroits de ce vitrail, on a multiplié cette devise dans des phylactères : BIEN PEUT ESTRE. *Bien peu être* ; qui rappelle la vertu particulièrement chère à sainte Elisabeth : *l'humilité.*

Dans le bas, entre les meneaux perpendiculaires, à travers la mosaïque bizarre de morceaux de verre réunis avec amour par notre bon vitrier, on aperçoit *saint Jean l'Evangéliste* tenant un calice d'où il sort un serpent qui n'est autre que le poison contenu dans ce vase comme nous l'avons expliqué plus haut.

Sainte *Elisabeth* avait une dévotion spéciale pour saint *Jean*, qu'elle avait constitué le gardien de sa chasteté. Etant encore très-jeune, divers billets portant le nom de différents apôtres, furent mis sur l'autel ; chacune des petites filles tira au sort le billet qui devait lui revenir, et trois fois le sort amena à *Elisabeth* le billet sur lequel était inscrit le nom de saint *Jean*. Elle avait une telle affection pour ce saint, qu'elle ne refusait jamais rien à ceux qui lui demandaient quelque chose en son nom (1).

---

(1) *Légende dorée,* 1er vol., p. 356.

N° 13.

Le vitrail de la Mort de la Vierge.

Quand on regarde les grandes fenêtres du chœur de la Cathédrale, l'œil est tristement impressionné. On voit que les verrières ont subi des épreuves terribles, et que les désastres ont été bien incomplètement atténués par les verres de couleur à dessins d'indiennes, qui produisent l'effet le plus désagréable. Il en reste une qui a la prétention d'être à peu près entière. Celle-là paraît avoir été médiocrement réparée, et toutefois, comme circonstances atténuantes, donnons tout de suite l'inscription qui se trouve au bas de la grande verrière, qui représente la *Mort de la Sainte-Vierge.*

Cette verrière dont il ne restait que des fragments, fut une de celles données par Pierre de Bourbon et Anne de France, bienfaiteurs de cette église. Elle a été rétablie et restaurée par les soins de Mgr de Pons, évêque de Moulins, et de M. Méchin, préfet.

A gauche de cette inscription, on lit dans un cartel à part : « *L'an* 1842 ».

A droite de cette même inscription, on lit dans un cartel également : *Emile Thibaut, peintre verrier, à Clermont-Ferrand.*

Au milieu d'un portique de la Renaissance, une femme est étendue sur un lit surélevé par deux tréteaux : au milieu un prêtre, peut-être saint *Pierre*, revêtu d'une aube, sur laquelle on voit une sorte d'*orarium* ou d'étole, tient un cierge de la main gauche et avance la main droite comme pour frotter le front de la malade. A droite, un personnage debout lisant dans un livre ; un autre derrière lui a les yeux fixés sur le même livre.

De l'autre côté, à gauche, un personnage debout, les mains rapprochées en signe de douleur. Un autre à genoux les mains jointes.

En revenant à droite, on aperçoit une femme debout avec la figure bouleversée ; ensuite un vieillard joignant les mains et une autre femme se cachant la figure avec les siennes en signe de désolation.

A gauche une femme consternée et agenouillée, la tête appuyée sur la main droite, dont le coude pose sur le bord du lit : homme debout portant un bénitier de la main gauche et un goupillon de la droite. Dans le fond, une femme qui se retire précipitamment, la main gauche levée en avant, comme si elle allait chercher du secours.

Sur le devant, presque au milieu, un personnage assis, qui a l'air de chercher quelque chose dans un livre ; il tourne le dos à la *Sainte-Vierge* et aux autres personnages. A côté de lui, une figure agenouillée, tenant de la main gauche une croix processionnelle, et de la main droite élevant une coupe qu'il a l'air d'offrir à la *Sainte-Vierge*.

Enfin, les donataires à genoux. A droite, *Anne de France* et *Suzanne de Bourbon*, et à gauche, *Pierre II* son mari.

Pierre II était mort en 1503, et sa fille Suzanne, après avoir épousé Charles, comte de Montpensier, en 1505, mourut à Chatellerault en 1521.

Le style de cette verrière, qui est entièrement de la Renaissance, me fait présumer qu'elle a pu être exécutée vers 1515 ou 1520, bien après la mort de *Pierre II*, que sa femme aurait néanmoins voulu y faire figurer. Si le personnage de gauche n'était pas déjà d'un certain âge, on aurait pu croire qu'il représentait *Charles de Montpensier*, dont la femme est à genoux en avant de sa mère, et qui avait été nommé connétable en 1515 ; mais cette verrière a tellement été remaniée et restaurée, qu'on ne saurait énoncer autres choses que des conjectures sur son iconographie.

Toutes les figures de cette grande composition, dépouillées de leur nimbe et de leurs attributs, malgré les restaurations qu'elles ont subies, paraissent savamment agencées et groupées d'après les règles de l'art ; mais ces deux qualités essentielles ne suffisent pas quand il s'agit de peintures religieuses. Aucun texte de l'Ecriture ne parle de la mort de la *Sainte Vierge*. L'artiste devait alors consulter la tradition légendaire que les peintres, les sculpteurs, les verriers, ont reproduit à l'envi pendant le Moyen-Age, en Italie, en France et en Allemagne. Ici il n'a voulu en tenir aucun compte, et il a produit une composition qui, ne s'appuyant sur aucun document historique ou légendaire, pourrait être la mort d'une autre personne aussi bien que celle de la Sainte-Vierge. Les lecteurs jugeront en lisant cette légende de la mort de la Sainte-Vierge (1), combien le peintre de notre verrière a eu tort de ne pas la consulter :

« Un jour, le cœur de la Vierge se prit
« d'un violent désir de revoir son Fils, et elle
« se livra à la douleur, et elle répandit une
« grande abondance de larmes. Et voici
« qu'un ange, entouré d'une grande clarté et
« la saluant avec respect, comme la mère du
« Seigneur : « Salut, dit-il, Marie qui es bé-
« nite et qui as reçu la bénédiction de celui
» qui a donné le salut à Jacob. Je t'apporte
« une branche de palmier cueillie dans le
« paradis ; ordonne qu'on l'apporte devant
« ton cercueil, le troisième jour après ta
« mort ; car ton Fils t'attend »......, et ayant
« dit cela, l'ange remonta au ciel avec une
« grande clarté. La branche de palmier qu'il
« avait apportée jetait un éclat merveilleux
« et resplendissait comme l'étoile du matin ;

---

(1) Traduction de Brunet, *Jacques de Voragine*, 1ᵉʳ vol. p. 270.

« et il arriva que Jean étant à prêcher Ephèse,
« le ciel tonna tout d'un coup, et une nuée
« blanche enveloppa l'apôtre et le déposa de-
« vant la porte de Marie. Il frappa à la porte
« et il entra, et l'apôtre salua avec respect la
« Vierge. La bienheureuse Marie, en le
« voyant, fut saisie de surprise, et sa joie fut
« telle, qu'elle ne put contenir ses larmes, et
« elle dit : « Mon fils Jean, souviens-toi des
« paroles de ton Maître qui t'a recommandé
« à moi comme étant mon fils, et qui m'a
« recommandée à toi comme étant ta Mère ;
« appelée par le Seigneur, j'accomplis l'obli-
« gation de la nature humaine, et je recom-
« mande mon corps à ta sollicitude, car j'ai
« appris que des Juifs s'étaient assemblés et
« qu'ils avaient dit : « Attendons que celle
« qui a enfanté Jésus soit morte, et alors
« nous nous saisirons de son corps, et nous
« le jetterons au feu ». Fais donc porter cette
« branche de palmier devant mon cercueil,
« lorsque l'on me conduira au sépulcre. »
« Jean répondit : « Plût à Dieu que tous nos
« frères les apôtres fussent ici, afin que nous
« puissions te faire des funérailles conve-
« nables et te rendre les honneurs qui te

« sont dus ». Et comme il disait cela, tous les
« apôtres furent enlevés sur des nuées des en-
« droits où ils prêchaient, et ils furent dépo-
« sés devant la porte de Marie, et se voyant
« réunis, ils s'en étonnaient, et ils disaient :
« Pour quelle cause sommes-nous donc tous
« rassemblés ici ? » Saint Jean alla vers eux,
« et leur dit que la Sainte-Vierge était au mo-
« ment de trépasser, et il ajouta : « Faites
« attention à ce que, lorsqu'elle sera morte,
« personne ne pleure, de peur que le peuple,
« voyant cela, ne s'émeuve et qu'il dise : « Ils
« craignent la mort, ceux qui ont prêché la
« résurrection..... » Lorsque la Sainte-Vierge
« vit autour d'elle tous les apôtres, elle bé-
« nit le Seigneur, et elle s'assit au milieu
« d'eux, des lampes ayant été allumées ; et à
« la troisième heure de la nuit, Jésus vint
« accompagné d'une multitude d'anges, de
« martyrs et de patriarches..... Jésus parla
« le premier, et il dit : « Viens, toi que j'ai
« élue, et je te placerai sur mon trône, car j'ai
« désiré ta beauté », et elle répondit : « Mon
« cœur est prêt, Seigneur, mon cœur est
« prêt. » Et tous ceux qui étaient venus avec
« Jésus, se mirent à chanter : « C'est elle qui

« a vécu dans la pureté et loin des délices, elle
« aura sa récompense dans la réunion des
« âmes saintes », et la Vierge chanta en par-
« lant d'elle-même : « Toutes les générations
« me diront bienheureuse, car Celui qui est
« puissant a fait sur moi de grandes choses
« et son nom est saint. » Et alors Jésus ré-
« pondit: « Viens du Liban, mon épouse,
« viens recevoir la couronne, » et elle dit :
« Je viens, car il est écrit de moi que je ferai
« ta volonté, et mon esprit s'est réjoui en toi,
« qui es mon sauveur. » Et ainsi l'âme de
« Marie sortit de son corps et s'envola dans
« les bras de son fils..... Pierre commença à
« chanter : « Israël est sorti de l'Egypte. »
« Et les autres apôtres l'accompagnaient dans
« ses chants. Le Seigneur couvrit les
« apôtres et le cercueil d'une nuée, de sorte
« qu'ils restaient invisibles ; mais l'on en-
« tendait leurs voix. Les anges suivirent les
« apôtres en chantant, et ils remplirent la
« terre entière de la douceur de leur harmo-
« nie. »

Ce qui est surtout à noter dans cette légende, c'est ce passage : « Faites attention à
ce que, lorsqu'elle sera morte, personne ne

pleure, de peur que le peuple, voyant cela, ne s'étonne et qu'il dise : Ils craignent la mort, ceux qui ont prêché la Résurrection. » Là, en effet, est le grand secret de l'art véritablement religieux, et tous les artistes devraient profondément méditer ces quelques lignes. Ils sauraient alors que pour atteindre le *vrai*, qui est aussi le *sublime* dans les arts, il ne faut pas nous montrer des personnes divines, des bienheureux, des saints, vivant, agissant, se comportant exactement comme de simples mortels. Ils comprendraient également combien a été grande l'erreur des plus grands artistes de la Renaissance qui, dans un semblable sujet, se sont efforcés de dépeindre sous les couleurs les plus dramatiques, la douleur et le désespoir des apôtres, comme si cette douleur et ce désespoir ne devaient pas être tempérés par la prescience de la béatitude éternelle dans laquelle va entrer la Très-Sainte-Vierge.

A l'extrémité de la verrière, dans les meneaux du haut, les armes des ducs de Bourbon, qui sont : *D'azur à 3 fleurs de lys d'or, au bâton de gueules brochant sur le tout.*

Plus bas, les armoiries de Mgr Antoine de

Pons, évêque de Moulins, nommé en 1822, qui sont : *De gueules à 3 fasces d'or*, et enfin en regard celles de la ville de Moulins, qui sont : *D'argent à 3 croix ancrées de sable, au chef d'azur chargé de 3 fleurs de lys d'or*. On voit également des anges tenant des phylactères sur lesquels on lit les devises des ducs de Bourbon, *Espérance* et *Penetrabit*, et puis les lettres entrelacées P et A qui signifient : *Pierre* et *Anne*.

Ces armoiries et toute cette décoration, sont essentiellement modernes non-seulement sur la grande fenêtre, mais sur les fenêtres à droite et à gauche de celle-ci, qui renferment quelques fragments anciens. A celle de droite, dans deux meneaux flamboyants à fond rouge et symétrique, on voit deux enfants nimbés, nus, debout, avec un ruban passé en sautoir autour du corps ; l'un tient des deux mains horizontalement une espèce de lance, l'autre est à cheval sur un bâton terminé par une tête de bélier qu'il saisit de la droite, et de la gauche il tient une baguette élevée. M. Dufour qui aimait à transposer toute chose, a placé ces deux médaillons au-dessus du vitrail de la chapelle de la Sainte-Vierge, comme on pourra le voir dans l'*Ancien Bourbonnais*.

Dans la grande fenêtre de gauche, enfants grimpés sur des dauphins, qui ressemblent beaucoup aux compositions gravées par *Sébastien de Ravenne*, élève de *Marc Antoine*, d'après Raphaël. Ce qui décèle évidemment l'influence italienne.

LES FONDATIONS DANS LA COLLÉGIALE

LES CONFRÉRIES.

Les noms des anciennes chapelles.

N a déjà vu que le chapitre (1) de la Collégiale, installé le 6 décembre 1386 dans la chapelle du château, se composait d'un doyen, de douze chanoines et de quatre clercs. Une bulle (2) de Clément VII, à la date du 9 juin 1394, confiait au doyen charge d'âmes de tout le personnel ecclésiastique de la Collégiale qui, de cette manière, était soustrait à la juridiction de l'évêque, e correspondait directement avec le pape, par

---

(1) Note du vitrail de sainte Catherine et des ducs de Bourbon,

(2) Cette bulle avait pour titre : *De cura animarum cleri ecclesiæ commissa Decano Dicti loci.* (Archives de la préfecture.)

l'intermédiaire deson doyen. Presque immédiatement après l'érection de la Collégiale, bien qu'elle fut installée dans un sanctuaire assez restreint, on voit déjà surgir plusieurs fondations et se former des confréries, entre autres celles de saint *Eutrope* en 1385, et de saint *Nicolas* en 1388 (1). La chapelle, siége du chapitre était, à ce qu'il paraît, enfermée dans un cercle de maisons, et comme le bon duc Louis avait l'intention de l'agrandir ou de lui substituer une église plus vaste, à la date du 23 avril 1390 (2), avant son départ pour l'Afrique, il charge Pierre de Nourry, lieutenant-général du duché, de faire estimer les maisons autour de la Collégiale, et d'en faire payer le prix aux propriétaires. Ce projet ne devait cependant recevoir un commencement d'exécution que soixante-dix-huit ans plus tard.

Dans cet intervalle, le nombre des fondations et des confréries continue à prendre un certain accroissement, jusqu'à l'époque où

---

(1) N° 6 de la première liasse, *Fonds de Notre-Dame de Moulins.* (Archives de la préfecture.)

(2) Même liasse. (Archives de la préfecture.)

elles purent être transférées dans la Collégiale, dont la première pierre avait été posée le 5 août 1468, par Agnès de Bourbon, femme de Charles Ier.

En parcourant l'*Inventaire des Bulles de fondations, titres et priviléges du chapitre de l'église de Notre-Dame de Moulins* (1), on peut se faire une idée du développement et de l'importance que prirent les fondations dans la Collégiale à partir de la fin du xve siècle et du commencement du xvie siècle jusqu'à l'époque de la Révolution. Ce n'était pas seulement de simples messes ou des messes d'*obit* (de mort), que l'on demandait au chapitre, mais encore des saluts solennels qui devaient avoir lieu perpétuellement à certains jours de fêtes déterminées. Les fondateurs affectaient à ces fondations des immeubles et des maisons, sises ordinairement à Moulins, dont ils abandonnaient le fond et la jouissance au chapitre, qui était chargé de l'exécution de leurs intentions. Il n'entre pas dans mon cadre de faire l'histoire de ces fon-

---

(1) Archives de la préfecture. L'inventaire fut dressé le 9 juillet 1806.

dations ; mais comme ce serait un travail curieux à publier, j'en citerai seulement une, afin de tenter quelques-uns de nos investigateurs du temps passé, qui pourraient relever les plus intéressantes.

Au folio 110, recto, 1er août 1653, on trouve la fondation par *André Semyn*, maire de la ville de Moulins, et demoiselle *Marguerite Billard*, sa femme, de trois saluts solennels : 1° Le jour de la *Conception de la Sainte-Vierge* ; 2° le jour de la *Visitation* ; 3° pendant tout l'octave de sa *triomphante Assomption*.

Les fondateurs abandonnent au chapitre le fonds et la jouissance d'une maison qui leur appartient, et est sise rue de la Sigougne, à condition que ladite maison sera appelée la *Maison de la Vierge*.

Il s'agit ici d'une maison située rue de la Cigogne. Elle appartient aujourd'hui à M. Bouchard, avocat, et est habitée par M. Clermont, pharmacien. Une Vierge en pierre du XVIe siècle se voit encore aujourd'hui sur le tympan d'une porte de la même époque dans la cour intérieure. Elle est posée sur le couronnement de la porte en arc surbaissé, sous un dais finement découpé. Sur le couronnement de ce dais on voit un écusson parti au premier de .... à un griffon de .... au second coupé de .... et de .... à une bande contrebretessée de .... timbré d'un casque de profil orné de lambrequins. (Armoiries inconnues.)

On trouve également dans cet inventaire, des noms d'autels et de chapelles, qui sont inconnus aujourd'hui, et dont la tradition aura été interrompue par la période révolutionnaire. Il est bon de remarquer d'ailleurs, que les noms d'autel et de chapelle étaient à peu près synonymes et s'employaient souvent l'un pour l'autre. On obtenait de dresser contre un pilier un autel qui correspondait le plus souvent à un caveau mortuaire, et comme cet autel était desservi souvent par un chapelain spécial, dans certaines circonstances, il prenait le nom de *chapelle*. Voici un exemple de concession d'un de ces autels (1) :

Autel de sainte Barbe. — En novembre 1475, il s'agit d'une fondation de vigiles des morts,

---

(1) *Usages et coutumes de l'église collégiale de Moulins, recueillis d'après les faits consignés dans les registres capitulaires de ladite église, depuis l'année 1397 jusqu'en 1699,* par Dom Turpin. (Archives de la préfecture de l'Allier.)

et le lendemain, jour de sainte *Barbe*, d'une messe chantée de la sainte avec un *Libera*, moyennant 40 livres tournois de rente annuelle, donnés par MM. *Janet*, lesquels ont obtenu leur sépulture avec permission de dresser un autel, et de mettre une image de sainte *Barbe* au-dessus, le tout adossé à un pilier de l'église. En jetant les yeux sur les voûtes des chapelles ou des basses nefs, on voit que toutes les clefs de ces voûtes sont ornées d'écussons. En enlevant le badigeon dont ils sont couverts, on trouverait certainement la plupart des armoiries des familles qui avaient *obtenu leurs sépultures* dans la Collégiale.

Vicairies. — La plupart de ces autels et de ces chapelles existaient déjà dans la chapelle qui a précédé la Collégiale, et comme le chapitre n'était pas assez nombreux pour exécuter toutes les fondations qui étaient faites et pour dire toutes les messes qui étaient demandées, on sentit la nécessité de fonder des vicairies qui étaient chargées de desservir ces autels et ces chapelles. C'est ainsi qu'on voit figurer, le 10 octobre 1395, la fondation d'une vicairie à l'autel de saint Martin, qui sera désormais desservi par deux chapelains ou *deux chapelles* (1).

En 1499 et en 1500, on signale également des vicairies dans *la chapelle de Saint-Nicolas*, et en 1473, 1479, 1500 et 1519, des vicairies dans la chapelle *Saint-Michel* (2).

Confrérie Saint-Eutrope. — Des confréries étaient généralement affectées à ces autels et à ces chapelles, dont les fondations furent transportées plus tard dans la Collégiale. La plus ancienne était celle de *Saint-Eutrope*. Une relique de ce saint avait été donnée le 30 juillet 1385 au duc Louis II. C'est à cette époque que s'établit la confrérie de *Saint-Eutrope*, qui reçoit le 24 avril 1410, la donation d'une maison en la place de Montaigu (elle donnait sur la rue de Corroierie), qui était laissée par Guillaume Duval à l'œuvre de la confrérie et aux confrères de *Monsieur saint Eutrope* : elle existait encore en 1605. Le

---

(1) *Inventaire des Bulles de fondations*, etc., folio 4, recto. (Archives de la préfecture.) Le mot *chapelle* signifiait dans ce cas l'*office d'un chapelain*.

(2) *Id. Usages et Coutumes*, etc., par Dom Turpin. (Archives de la préfecture.)

9 décembre 1724 (1) le chapitre de la Collégiale, attendu que la chapelle de *Saint-Eutrope* est en mauvais état et abandonnée par les anciens propriétaires qui n'en réclament pas l'usage, concède à perpétuité au sieur Griffet de La Baume, trésorier de France, demeurant à Moulins, paroisse d'Iseure, la chapelle, sous le titre de *Saint-Eutrope*, dépendante de ladite église de Notre-Dame de cette ville, qui *est la quatrième chapelle en entrant par la grande porte* de l'église du côté du *Marché au bled*, pour y être inhumé, lui et sa femme et leurs descendants en ligne directe. Le 22 juin 1769, la veuve de messire Philibert Griffet de La Baume, abandonne de nouveau la chapelle de *Saint-Eutrope* au doyen du chapitre (2). Dans un autre acte du 26 octobre 1621 (3), la chapelle *Saint-Eutrope* est vendue à Jean Delorme de Beauregard, médecin du roi et de la reine et de la reine mère de Sa Majesté. Il est dit dans cet acte que la chapelle de *Saint-Eutrope* est sise dans

---

(1) *Titres concernant la chapelle de Saint-Eutrope*, numéro 429, chemise numéro 2. (Archives de la préfecture.)
(2) Id.   Id.   (3) Id.   Id.

l'église de Notre-Dame *contre la chapelle Saint-Michel* appartenant au seigneur de Seganges, et celle de *Saint-Hubert* appartenant au seigneur de *Thounin* (1). Il résulte de tout ce qui vient d'être dit, que *la chapelle Saint-Eutrope* était celle où sont placées aujourd'hui les reliques de *Benoît Labre*.

Une mention spéciale sera consacrée un peu plus bas à celle de *Saint-Michel*, qui était évidemment placée dans la chapelle où, ont été déposées toutes les reliques.

Chapelle de Saint-Hubert. — Quant à celle de *Saint-Hubert*, elle devait également se trouver dans celle où le tableau de l'autel représente sainte *Thècle* avec un lion auquel elle a été livrée, et où l'on voit le vitrail de sainte *Elisabeth*.

Confrérie de Saint-Nicolas. — La confrérie de Saint-Nicolas avait été fondée le 7 septembre 1388 (2). On la voit figurer en

---

(1) Il existe encore dans l'église de Gennetines une belle tombe gravée d'un seigneur de *Thounin*, qui date du xiii° siècle.

(2) *Inventaire des Bulles de fondations, titres et priviléges du chapitre de Notre-Dame de Moulins*. (Archives de la préfecture, folio 21, recto.

1405 (1) et 1409 (2). La chapelle de la vicairie de Saint-Nicolas n'était pas dans l'église Collégiale, mais à l'endroit où étaient les Jacobins, qui ont été remplacés par l'église du *Sacré-Cœur*. Le chapitre de la Collégiale devait emmener processionnellement le corps des confrères en l'église de Notre-Dame et dire une messe au grand autel. Le chapitre devait également dire chaque semaine trois messes en ladite chapelle de Saint-Nicolas, rue d'Allier, et dire ou célébrer chaque semaine perpétuellement en leur dite église de Notre-Dame à l'*autel de Saint-Nicolas* une messe chaque lundi.

Il y a tout lieu de croire que cet autel de Saint-Nicolas était placé dans la chapelle de la Cathédrale, qui a conservé encore le vocable du même saint.

Chapelle Saint-Martin. — La chapelle Saint-Martin fut fondée le 10 octobre 1395, par

---

(1) *Inventaire des Bulles de fondations, titres et priviléges du chapitre de Notre-Dame de Moulins.* (Archives de la préfecture, folio 21, recto

(2) *Usages et coutumes du chapitre, etc.*, par Dom Turpin, septembre 1499. (Archives de la préfecture.)

vénérable et honnête femme Jacquette Bertine, veuve de vénérable et discret homme Laurent de Pierpond, autrefois conseiller et maître des comptes d'*illustre prince et seigneur Louis, duc de Bourbon.*

En mai 1643, une des vicairies de cette chapelle était encore conférée sur la présentation *du sieur de Pierpont*, seigneur d'Avisolles.

Le 27 septembre 1625, *Nicolas Palierne, écuyer, seigneur de Lécluse*, présentait un candidat pour la collation d'une des quatre vicairies de Saint-Martin. En 1720, *Jean-François Palierne, écuyer, seigneur de Lécluse*, faisait également une présentation pour une vicairie de Saint-Martin (1). Cette chapelle de Saint-Martin était très-importante par le nombre de ses fondations, puisqu'elle exigeait quatre vicairies.

J'ai vainement cherché où pouvait être dans la Collégiale, l'autel Saint-Martin. Je n'ai trouvé ni sur les vitraux des chapelles, ni

---

(1) Tous les détails sur la chapelle Saint-Martin, sont tirés des pièces déjà citées dans ce chapitre, des archives de la préfecture.

ailleurs, rien qui puisse me mettre sur la trace de cette indication.

Confrérie de Notre-Dame. — D'après les *Usages et coutumes* de la Collégiale, recueillis par Dom Turpin, il existait dès l'an 1397, une *Confrérie de Notre Dame* ; mais comme les pièces qui avaient servi à la rédaction de Dom Turpin n'existent plus, il en résulte qu'on ne trouve plus aucun détail sur cette confrérie.

Chapelle Saint-Michel. — Le 12 décembre 1493 (1), on trouve la fondation d'une messe, chaque lundi pour les trépassés, plus, d'une autre messe tous les samedis en la *chapelle de Saint-Michel* « et à cette fin veut que l'on ins-
« titue deux chapelains pour ladite cha-
« pelle ».

En 1499 (2), fondation également de deux messes par semaine, par *Cordier*, seigneur de Vallières, avocat fiscal, dans la *chapelle Saint-Michel*, plus la mention faite en 1500 et 1510 des vicairies de cette chapelle.

Il est plus que probable, comme il a été

---

(1) *Inventaire des Bulles de fondations, etc.*, déjà cité.
(2) *Id.*, folio 11, recto.

dit plus haut, que cette chapelle Saint-Michel était celle où on a placé les reliques et où les vitraux nous montrent les fragments d'un *Jugement dernier*, à travers lesquels on aperçoit encore saint *Michel*. *Michel de Cadier*, le 5 mai 1539, fonda la chapelle funéraire de sa maison dans l'église de Notre-Dame de Moulins, et la plaça sous l'invocation de saint *Michel archange*, dont la statue combattant le dragon, couronnait le retable de l'autel. Il avait fait sculpter ses armoiries au centre de la voûte de la chapelle, et les avait fait peindre sur les vitraux (1). La *chapelle Saint-Michel* appartenait en 1609 à *Jacques Cadier*, écuyer, qui cède tous ses droits (2), le 21 février de la même année à Jean *Cordier*, dont l'ancêtre du même nom était seigneur de *Vallières* en 1506. Jean *Cordier* n'en jouit pas longtemps, car, d'après l'acte cité plus haut, extrait des titres de la chapelle *Saint-Eutrope*, le seigneur de Seganges en était propriétaire en 1621.

1) *Généalogie des Cadier*, déjà citée.
2) *Id.*

Autel Saint-Jean. — *Confréries des Notaires de Moulins* 1402. — Fondation (1) d'une messe quotidienne à *l'autel Saint-Jean*, 2 octobre 1422. Dans l'acte de fondation et de création d'un office de chantre (2), il y est question de *l'aultier* (autel) de M. saint *Jean*, sur lequel les vénérables doyen et chapitre de Moulins, s'engagent à faire dire et célébrer deux messes perpétuelles...

Le 18 septembre 1636, *MM. les Notaires* (3) de Moulins fondent en cette église une messe haulte qui doit se célébrer le jour de *Saint-Jean porte latine*, le 6 mai, à l'issue de la messe de sept heures en outre vigiles, le soir, et une messe de *Requiem*, le jour suivant.

Saint *Jean* l'Evangéliste, par ordre de Domitien, avait été plongé à Rome dans une cuve d'huile bouillante, mais il était sorti de ce bain en recouvrant toute la vigueur que les années lui avaient enlevées. A cause de l'huile contenue dans cette cuve, les impri-

---

(1) *Usages et Coutumes, etc.*, par Dom Turpin.
(2) *Fondation du chapitre Notre-Dame*, Chantrerie, numéro 1.
(3) *Inventaire des Bulles, etc.*, folio 102, recto.

meurs, les typographes, les libraires, qui emploient l'encre grasse de l'imprimerie ou en vendent les produits, ont pris saint *Jean porte latine* pour *patron*. Les notaires qui appliquent leurs timbres sur les différentes pièces de leur étude, en les empreignant d'un mélange de noir et d'huile, ne l'auraient-ils pas également choisi pour *patron* par le même motif ?

Confrérie de Sainte-Geneviève. — En 1605, on voit figurer (1) la *Confrérie de Sainte-Geneviève*. Ses membres se réunissaient probablement dans la chapelle qui portait ce nom et dont une mention plus particulière sera faite à la fin de ce chapitre, quand il sera question de l'*autel de Notre-Dame de Mibounet*.

Chapelle du Saint-Esprit. — Le 4 septembre 1636, une convention est faite par le chapitre avec le sieur *Brinon*, pour lui permettre l'*accroissement* et *aisément* de la *chapelle du Saint-Esprit*. Avec cette seule indication, il était difficile de déterminer la place de cette cha-

---

(1) *Usages et Coutumes du chapitre de l'église Collégiale de Moulins,* par Dom Turpin. (Archives de la préfecture.)

pelle dans la Collégiale ; mais avant 1854, quand Lassus, pour établir les deux grandes chapelles du transept qui furent démolies plus tard, commença à supprimer la dernière chapelle à droite, on découvrit une pierre tumulaire avec l'inscription suivante, qui est rapportée par M. E. Tudot (1) :

JEHAN. BAPTISTE. BRINON. ESCUYER.
S^r DE. BEAVNAY. LES. PROTS. CON^{er}
DV. ROY. ET. TRESORIER. GENERAL
DE FRANCE. EN LA. GENERALITE. DE
MOVLINS. ET. FRANCOIS. BRINON.
ESCUYER. S^r DE. MONCHENIN. ET.
CHAMARDON ONT. FAIT. REPARER. ET.
AGRANDIR. CESTE. CHAPELLE.
L'AN 1636. EN. L'HONNEUR. DU
SAINT. ESPRIT. ET. A. LA. P. P. MEMOIRE.
D'YYES. BRINON ESCUYER. S^r DE.
CYRES. VEMMART GIANCOURT : AV.
VAL-DE-GALLIÉ-BEAVNAY
MONCHENIN. ET LE. GVET. CON^{er}

(1) Page 340 de la xxie session du Congrès archéologique de France, tenue à Moulins en 1854.

DV. ROY. ET. TRESORIER. GENERAL
DE. FRANCE. AVDIT. MOVLINS. ET.
DAM^le. LVCRESSE. DE ROCHEFORT.
LEVRS. PERE. ET. MERE. QVI. ONT.
ETE INHUMES. EN. CE. LIEV. LEDICT.
Sr BRINON. LE 20. MARS ET. LA DICTE.
DAM^le DE. ROCHEFORT. LE 2e NOVEMBRE
1654. PRIE DIEV. POUR. LEVRS. AMES.

La chapelle démolie a été relevée ; mais elle n'est pas encore achevée, il serait bien a désirer qu'on lui rendît son ancien *vocable du Saint-Esprit* ; l'autorité diocésaine fera dans cette circonstance ce qu'elle jugera convenable.

Confrérie de Saint-Jacques. — En juillet 1644 on trouve (1) la fondation d'un salut le jour de Saint-Jacques pour les confrères de Saint-Jacques et en 1705, sur une requête présentée par la *Confrérie de Saint-Jacques, confrérie*

---

(1) *Usages et Coutumes, etc.*, par Dom Turpin (Archives de la préfecture.)

depuis longtemps établie dans cette église Collégiale, il leur fut permis à toutes les processions générales d'y porter leurs bannières et leurs bourdons immédiatement avant les corps religieux.

Il existe dans la vieille sacristie de la Cathédrale un panneau long, sur lequel on a peint des deux côtés exactement le même sujet. Il est partagé en deux compartiments et il doit avoir appartenu à cette confrérie. Dans le premier, en haut : une grande coquille au milieu, posée sur deux bourdons, croisés, accompagnés en haut et en bas d'une fleur de lys à dextre et à senestre d'un L surmonté de la couronne royale.

Dans le deuxième en bas, quatre membres de la confrérie à genoux, tenant chacun un bourdon, les deux premiers tête nue, les deux autres coiffés d'un chapeau orné de coquilles, tous les quatre portant des pèlerines décorées de coquilles et de bourdons. C'est d'ailleurs une fort mauvaise peinture.

Les *L* couronnées indiquent l'époque de Louis XIII ou Louis XIV.

Chapelle de l'Annonciation 25 août 1721. — Le chapitre, après avoir mis en demeure ceux

qui prétendent avoir droit de jouir de la *chapelle de l'Annonciation* (1), d'y faire faire les réparations nécessaires et dont ils sont tenus, « la vouste estant toute découverte ;
« l'autel tout en désordre et sans ornements,
« le carrelage de la dite chapelle tout levé et
« vitraux tout rompus, en sorte qu'on ne
« peut plus y dire la messe. » Après s'être pourvu devant le sieur lieutenant-général et obtenu une ordonnance qui l'autorise à disposer de ladite chapelle la concède à messire *Pierre de Loüant de Persat*, écuyer, seigneur de *Montfaud, le Plaix, la Jolivette* et autres terres et à son autorité dame *Anne-Antoinette Aumaistre*, son épouse, avec liberté d'y faire placer leurs armes, écussons, etc., et d'y être inhumés. La chapelle de l'*Annonciation* est ainsi désignée dans l'acte :

« *Une chapelle sous le titre de l'Annonciation,*
« *dépendante de la dite église de Notre-Dame de*
« *Moulins, qui est la seconde chapelle en entrant*
« *par la grande porte de la dite église du côté du*
« *Marché au Bled.* »

---

(1) *Titres concernant la chapelle de l'Annonciation*, numéro 430. (Archives de la préfecture.)

Autel et Confrérie de Notre-Dame de Mibounet et la chapelle de Sainte-Geneviève. — A un kilomètre de Toulon et à environ trois kilomètres d'Izeure, avait été fondée en l'an 1601, une chapelle dont l'inscription a été conservée et se trouve encore sur des pans de murs de cette chapelle, qui font aujourd'hui partie d'une grange, elle est ainsi conçue :

DV - PONTIFICAT - DE - CLEMENT - VIII -
REGNANT - EN - FRANCE. HENRI. 4ᵉ. ESTAN
CVRE. DIZEURE. ME. SYMON. CROISSANT.
DOCTEVR. EN. THEOLOGIE.
L'AN. 1601.
LA. PNE. CHAPELLE. A. ESTE. BASTIE. EN
L'HONNEVR. DE DIEV. DE. MR. ST
CLAVDE. DES. BIENS. FAICTS. ET.
AVMOSNES. DES. GENS. DE. BIEN. A.
LA DILIGENCE. DE - HONNESTES
PERSONNES - IEHAN. OGIER. ME.
DE. LA. CHOPINE - JACQUES. DERISAVX.
ME. FOVRBISSEVR - FRANCOIS. CHAR
BOVNIER. ME. BOVLONGIER - XPOFLE
CHAPPVS. ME. CORDONNIER - CLAVDE
PROST. DIT. LE. JVSTE - PIERRE. CHA

RBOVNIER. DIT. PIAT. ME. CELLIER -
ET. SIRE. PIERRE. GIRAVD. MARCHANT
TOVS. MES. DE. LA. CONFRESRIE. DE
NRE. DAME. DE. MIBOVNET. ET. DE
MONR. St. CLAVDE. TOVS. BOVRGOIS
ET. HABITANS. DE. LA. VILLE. DE
MOLINS. EN. LANNEE. 1601. (1).

On voit par cette inscription qui atteste hautement la piété des corps d'état de Moulins à cette époque, que cette chapelle était le siége d'une confrérie. Cette confrérie prenant Mibounet pour point de départ, faisait de temps en temps des processions dans les différents sanctuaires de Moulins qu'elle choisissait pour stations. La chapelle de la Collégiale qui est désignée dans le testament de Jacques Cadier IIIe du nom, était probablement une de ces stations. Ce testament est ainsi analysé dans la généalogie des Cadier (2) : « par le testament olographe de

---

(1) Congrès archéologique de France, xxie session à Moulins, p. 334. Publication 3. 2. Tudot.

(2) Généalogie des Cadier, etc., par M. R. D. 1864.

« *Jacques Cadier*, en date du 24 mars 1666,
« déposé au greffe de la sénéchaussée de
« Moulins, le 11 février 1670, par lequel il se
« voue à *Jacques*, son patron, et entr'autres
« dispositions, ordonne qu'une relique de la
« vraie croix, *ancien gage de la famille*, restera
« à l'aîné de la maison et demande d'être en-
« terré dans l'ancienne sépulture de sa fa-
« mille, devant l'autel de *Notre-Dame de Mibou-*
« *net*, dans l'église Collégiale de Moulins. »

On a vu que *Jacques Cadier* IIe du nom, le grand-père de celui-ci, avait cédé ses droits sur la chapelle Saint-Michel ; il était tout simple qu'il usât de ceux qui lui restaient sur la seconde chapelle possédée par sa famille. Maintenant, quelle était la place occupée par l'autel de *Notre-Dame de Mibounet* dans l'église Collégiale de Moulins ? Une belle plaque de cuivre de 0,65 c., sur 0,58, qui nous est communiquée par les derniers membres de la famille *Aubery* (1) la détermine précisément. Cette plaque en forme de cartouche très-artistement gravée et découpée, désigne les fon-

(1) Jean-Henry *Aubery*, jésuite, est connu par ses poésies.

dations de trois générations de la famille *Aubery* dans la Collégiale et le lieu de leurs sépultures, dans une chapelle qui d'après le témoignage oral d'un membre de cette famille, né en 1790 et encore vivant, n'était autre que la chapelle de *sainte Geneviève*, aujourd'hui celle de la *Sainte Vierge*. Cette plaque était scellée dans le mur de la chapelle et a pu être détachée au moment de la Révolution. Dans la partie supérieure, elle porte gravées les armes de *Geoffroy Aubery*, escuyer, sieur du Plessis qui sont d'azur au chevron d'argent, accompagné de trois têtes de Dauphins de même et celles de demoiselle Claudine *Chabbas*, sa femme, qui sont de.... à un chevron de..., accompagné de trois cœurs de.... Les deux écussons timbrés d'un casque à cinq grilles avec un dauphin pour cimier, orné de lambrequins enveloppant les deux écus. *Geoffroy* qui représente avec sa femme la première des trois générations des *Aubery* indiquées plus haut, avait *acquis*, d'après la plaque, *la place de la Chapelle* et l'avait *construite*. La date de cette acquisition n'est pas indiquée ; mais comme d'après le même monument la mort d'*Antoine* représen-

tant la troisième génération des *Aubery*, est désignée à la date de 1642, il en résulte que l'acquisition de *Geoffroy*, pourrait facilement remonter à la dernière moitié du xvie siècle, époque qui semble être indiquée par le caractère de la gravure de la plaque, sur laquelle les fondations des deux autres générations avaient été inscrites successivement jusqu'en 1648. Après les fondations de *Geoffroy*, viennent celles de *Jean Aubery*, escuier, sieur du *Plessis*, conseiller du roi et son médecin ordinaire, celle de Jean *Aubery* avec le même titre, conseiller du roi et son procureur général en Bourbonnais, et aussi celles de maistre *Antoine Aubery*, chanoine official de Moulins et de la dicte église, qui était fils d'*Antoine Aubery* et de *Louise de Lingendes* (1), lequel
» y a fondé les ix et x juin..... sept messes
« basses le lendemain des sept fêtes de Nos-
« tre Dame, à huict heures du matin, moïen-
« nant cent sols rente et une messe de *Sainte-*

---

(1) Cette famille était ancienne dans le Bourbonnais. Claude de *Lingendes*, supérieur de la maison professe des Jésuites de Paris, fut un des plus habiles prédicateurs de son temps. Il mourut en 1660.

« *Geneviève* la veille : auquel le chapitre a
« accordé et à son héritier la place où il a
« fait mettre un siége près l'*aultel et pilier*
« *Mibounet*, pour six livres cinq sol rente, et
« le dict sieur official, du consentement de
« mes dicts sieurs venerables, a introduict en
« icelle le service du sainct et sacré concile de
« Trente et en a fourni les premiers livres. »

L'*autel de Notre-Dame de Mibounet*, devant lequel était l'ancienne sépulture des Cadier, était donc adossé à l'un des deux piliers, limitant la chapelle *Sainte-Geneviève* (aujourd'hui celle de la *Sainte-Vierge*), qui appartenait à la famille *Aubery*. Ce voisinage des sépultures des *Cadier* et des *Aubery* était d'ailleurs assez naturel, puisque ces deux familles avaient des alliances communes et entre autres : *Jacques de Cadier* IIIe du nom, avait épousé Marie *Guillouet d'Orvilliers* en 1660, et d'après la plaque citée plus haut, Jean *Aubery*, procureur général en Bourbonnais, avait épousé Constance *Guillouet*. Un des membres de cette famille, né en 1708, a laissé un nom glorieux dans les annales maritimes du XVIIIe siècle, celui de l'amiral d'*Orvilliers* (Louis *Guillouet*).

LES CHAPELLES

A. — *Chapelle Saint-Louis.*

N entrant ce qui frappe les regards au-dessous de la grande fenêtre, c'est un sépulcre en pierre qui était placé près d'une petite porte conduisant à la rue Grenier, il contient un corps à moitié squelette, rongé par les vers, d'une effrayante vérité. On lit au-dessus cette inscription

Olim formoso fueram qui Corpore putri
Nunc sum : tu simili corpore, lector, eris

Que l'on peut traduire ainsi :

Autrefois beau de corps, aujourd'hui pourriture,
Ton corps aussi, lecteur, aura même aventure.

Au-dessous la date 1557.
Au-dessus de l'autel règnent des arcatures

du XVIe siècle en forme de dais, finement refouillées, destinées sans doute à protéger le retable. Ces arcatures sont horriblement empâtées par plusieurs couches de peintures à l'huile.

Au-dessous un tableau représentant saint Louis priant, peint en 1816 par M. Thomas, plus tard marguillier de la Collégiale. Cette date témoigne de l'empressement manifesté à cette époque pour restituer à notre pieux et saint roi le culte dont il avait été privé depuis si longtemps.

Plus bas, à droite et à gauche, deux petits tableaux exécutés en broderie avec des fonds de paysages, les têtes peintes en miniature sur ivoire, sont très-fines de modelé et d'expression. L'un représente la *Sainte-Vierge* assise et *Notre-Seigneur* travaillant sous la direction de saint *Joseph* ; l'autre, *Notre-Seigneur Jésus-Christ* et la *Samaritaine*. Ils avaient fixé l'attention des membres du Congrès scientifique dont la session a été tenue à Moulins en 1870. Il serait à désirer qu'ils fussent placés plus à portée de la vue.

Sur l'autel, un beau crucifix en ivoire d'une grande dimension, attaché à une croix dans laquelle sont incrustées plusieurs reliques. Il y a environ quinze ans, un voleur détacha ce crucifix de sa croix et l'emporta. On fut assez heureux pour le retrouver à Clermont, d'où il fut réintégré dans la chapelle Saint-Louis.

B. — *Chapelle de Saint-Nicolas.*

Au-dessus de l'autel, un tableau de M. Thomas à la date de 1835, représentant saint *Nicolas*, qui vient de sauver de la tempête trois enfants.

De chaque côté de l'autel, deux statuettes très-médiocres de deux saints du pays, saint *Bonnet* et saint *Gilbert*.

En face de l'autel, dans la partie supérieure, on voit un monument élevé à la mémoire de M. l'abbé Roux. Il est gravé en pied sur une pierre abritée par un pinacle de la fin du XVe siècle. Il porte la chasuble et le manipule.

Dans le bas, sur un marbre noir, en lettres d'or, on lit :

A la mémoire
de M. l'abbé Nicolas-Amable-Florimond Roux
Né à Autun le xix novembre 1761
Curé de N.-D. de Moulins depuis 1802 jusqu'en 1827
Décédé dans cette ville, chanoine et vicaire général
du diocèse
A l'âge de 82 ans
Ceux qu'il édifia par ses vertus, qu'il instruisit
Ou consola par ses paroles
Qu'il secourut par les trésors de sa charité
Ont élevé ce monument
Comme un témoignage de regrets
De vénération et de reconnaissance

deux anges assis de chaque côté.

Ce monument a été exécuté en 1845 avec les terres cuites de M. Hurel de Paris, sur les dessins de M. Hippolyte Durand qui a bâti la salle de spectacle de Moulins et cette charmante église de Lourdes, qui fait l'admiration de tous les pèlerins.

C. — *Chapelle de la Sainte-Vierge.*

Ici nous sommes en face du monument le plus ancien et l'un des plus vénérables de toute la Cathédrale. Il a un caractère de pieuse dignité, que ne dépare pas son exécution singulièrement naïve, tout à fait en dehors des principes de nos écoles modernes. Ce monument, témoignage séculaire de la foi de nos pères du XIII° siècle, nous montre la *Très Sainte-Vierge avec son divin Fils.* Il semble néanmoins, que presque tous ceux qui ont écrit sur le Bourbonnais ou même sur la Cathédrale, se soient donnés le mot pour ne pas en parler. Mérimée lui-même, dont la science archéologique incontestable avait certainement dépisté cette statue du XIII° siècle, affecte de n'en rien dire dans son rapport sur la Cathédrale, adressé au ministre de l'intérieur. Il n'y a presque que l'abbé Garraud qui en parle dans sa *Vie de M*^{me} *la duchesse de Montmorency*, publiée en 1769, et heureusement, il en parle comme on le verra bientôt, en des termes tels, qu'on ne saurait hésiter à lui donner le titre de *Miraculeuse*. L'abbé Boudant, dans ses *Sanctuaire de Marie* (1), en parle également en citant l'abbé Garaud.

« Une chronique populaire dit-il, assure
« qu'elle fut apportée de Jérusalem par un de
« nos sires de Bourbon qui avait pris part
« aux croisades. » Cette assertion qui n'est étayée d'aucune preuve, paraîtra quelque peu hasardée. Ce qu'il y a de certain, c'est que la chapelle qui a précédé la Collégiale actuelle, était sous le vocable de *Notre-Dame* (2), et l'on est fondé à croire que *notre Vierge* y était déjà vénérée.

Ce qui a encore contribué à mettre notre *Vierge* dans l'ombre ; c'est que les organisateurs du culte, au commencement du siècle, au lieu de lui conserver les honneurs qui lui avaient toujours été rendus avant la Révolution comme la *Dame* et la *patronne* de la Collégiale, ont eu la malheureuse idée de lui substituer *au chœur, où elle était placée en un*

---

(1) Moulins, Desrosiers, 1867.

(2) Dans un acte notarié du 5 mai 1345, M.-P. Fabry prend le titre de recteur et chapelain perpétuel de la chapelle de Notre-Dame de Moulins.

lieu élevé, la *Vierge blanche* de *Sept-Fonds* ; et la *Vierge noire* du XIIIᵉ siècle, après avoir été dépouillée arbitrairement de la place qu'elle avait toujours occupée et déposée pendant quelque temps dans une chapelle improvisée derrière le chœur, fut reléguée dans la chapelle où nous la voyons aujourd'hui.

Quoi qu'il en soit, les âmes pieuses ne l'abandonnent pas dans l'humble rang qui lui a été assigné, et si, depuis qu'elle est dans cette chapelle, elle n'a pas renouvelé aussi évidemment les actes éclatants de sa merveilleuse charité au milieu de nos désastres publics, Dieu sait quels miracles intimes elle accomplit chaque jour dans ces cœurs suppliants, qui prennent la liberté de lui rappeler son ancien patronage pour être plus sûrs d'obtenir ce qu'ils lui demandent.

Maintenant, pour décrire cette statue de la *Sainte-Vierge,* il convient de la dégager de la belle robe dont nous la voyons revêtue ordinairement. J'avoue que je la dépouillerais volontiers pour toujours de cet accoutrement, afin de la présenter aux fidèles, telle qu'elle est sortie des mains du simple et pieux artiste qui l'a taillée dans le bois. On a allégué que ces étoffes dont on la couvre la garantissent des injures du temps. Je serais assez porté à croire, au contraire, que cette espèce de couverture favorise dans l'ombre l'éclosion de tous les insectes qui dévorent le bois et le réduisent en poussière. Et c'est là malheureusement le sort qui menace notre Vierge, si on ne veille pas attentivement à sa conservation.

Le vêtement de la *Sainte-Vierge*, dépouillé de son costume d'emprunt, se compose d'une première robe peu ample et atteignant les pieds. Par dessus, un manteau qui arrive un peu plus bas que les genoux, entrant par la tête et formant autour d'elle comme une coiffe serrée qui ne laisse pas voir les cheveux et fait corps avec le manteau à manches étroites. Toute la statue est noire ainsi que l'Enfant Jésus. L'ovale de la figure est un peu allongé, le nez long, les lèvres assez fortes, les joues légèrement déprimées, les prunelles des yeux fortement accusées par une couleur blanche qui les fait paraître émaillés, comme certains bronzes de l'époque romaine.

La *Sainte-Vierge* retient avec son bras l'*Enfant Jésus* sur son giron. A cet effet elle étend sa main droite sur son propre genou. De la main gauche elle tenait un sceptre dont il ne reste plus que la partie inférieure et qui devait probablement se terminer par un fruit d'iris; on aura sans doute brisé le sceptre pour faire entrer plus facilement les robes lamées d'or et d'argent qui la couvrent entièrement.

L'*Enfant Jésus*, cheveux très-courts, bénit de la main droite à la manière latine. Ses traits offrent une grande ressemblance avec ceux de sa Mère, de la main gauche il semble presser contre son cœur un livre qui pourrait être celui des Evangiles.

La *Sainte-Vierge* est assise sur un coussin posé sur un siége, dont le dossier affecte un peu la forme elliptique, le siége est lui-même placé sur un socle. Le dossier est percé à jour de deux étages d'arceaux en forme de mître, s'appuyant sur de grosses colonnes, comme celles qui se trouvent dans la partie neuve de la Cathédrale. Entre les deux étages de ce siége, les membres du Congrès de 1854 (1),

---

(1) *Congrès archéologique de France*, séances générales, tenues à Moulins en 1854. Paris, Derache, rue du Bouloy, 7, 1855.

avaient lu une inscription incomplète dont on a peine à discerner la trace aujourd'hui. Ils n'avaient pu déchiffrer que ces mots en caractères du xiiie siècle :

ECCE NOVUM SIGNUM ..... CONCEPIT ..... VIRGO.

La statue de la *Sainte-Vierge*, y compris le socle, a 1^m.03, la Vierge seule n'a que 86 centimètres.

Tout ce groupe n'est pas précisément noir, il paraît enduit avec de la résine, ce qui lui a donné un ton de brun rouge très-foncé et qui était destiné à préserver le bois. On ne voit le noir pur que sur les parties restaurées, parmi lesquelles on doit comprendre les deux figures et la main de l'Enfant Jésus.

Les plis des draperies sont droits et accusent une inexpérience qui est grandement rachetée par le caractère grave et imposant des deux têtes. Il rayonne autour d'elles comme un parfum séculaire de prières exaucées qui impressionnent vivement le pieux visiteur.

Quant à la couleur noire ou plutôt moresque, qui a été donnée à notre Vierge et à une foule d'autres, par les peintres et les sculpteurs dans les temps les plus anciens, on ne peut guère lui attribuer que deux motifs déterminants : Le premier, c'est que les artistes ayant à nous montrer des personnages d'un pays plus exposé au soleil que le nôtre, auraient cru s'approcher beaucoup plus de la vérité en les représentant ainsi ; le deuxième, qui est le plus plausible, c'est qu'ils se seraient inspirés du passage du *Cantique des cantiques* : (I, 4) *Nigra sum, sed formosa.* » *Je suis noire, mais je suis belle.* Le *Cantique des cantiques* s'adresse particulièrement à l'Eglise ; mais néanmoins, il peut s'appliquer aussi à la *Sainte-Vierge* ; puisque dans ses *Petites-Heures*, l'Eglise y a introduit précisément ce passage : *Nigra sum sed formosa*. Les artistes étaient donc fondés à l'attribuer à la *Sainte-Vierge* et à essayer de le traduire à l'aide de la peinture ou de la sculpture.

Les membres du Congrès de 1854 (1),

---

(1) *Congrès de 1854*, déjà cité.

ayant cru voir le type byzantin dans les traits du visage, dans les détails des vêtements et de la pose de notre Vierge, avaient été d'accord pour l'attribuer au moins au xiie siècle. Quant au siége qu'ils pensaient avoir été remanié, ils le faisaient remonter, ainsi que l'inscription, au xiiie siècle.

Les membres du Congrès scientifique de 1870 (2), ont trouvé à notre Vierge, le caractère des Vierges françaises du xiiie siècle, seulement ils veulent que le siége soit une réparation du xve au xvie siècle. La vérité est qu'elle appartient bien au xiiie par le style général de son ensemble. Quant au siége, comme il n'a pas été taillé dans le même arbre que la Vierge, il a été nécessairement rapporté dès l'origine. C'est pour cela que dans les deux sessions, on a voulu absolument qu'il fut plus moderne que la statue. Néanmoins, par le caractère du style et de l'inscription, les archéologues de 1854 l'ont

---

(1) *Congrès scientifique de France*, 37e session, tenue à Moulins au mois d'aout, 1570. Desrosiers, Moulins, 1872, p. 168.

attribué au xiiie. Ce qui semble leur donner raison, ce sont les *arceaux affectant la forme de mitre*, que les membres du Congrès de 1870 ont placé, bien à tort, à l'époque du xve au xvie siècle.

Il nous reste maintenant à entretenir le lecteur des grâces miraculeuses obtenues en grand nombre par l'intercession de *notre Vierge noire*. Malheureusement, les archives de la Collégiale ont été dispersées ou détruites au moment de la Révolution.

Dans ces archives devaient se trouver évidemment consignés tous les faits miraculeux publiquement constatés dans les grandes calamités qui, plus d'une fois, avaient affligé notre ville.

M. de Jolimont (1) raconte qu'à la suite de maladies épidémiques, en 1629, les habitants avaient fait le vœu de brûler jour et nuit, devant *l'image de la Vierge*, une ceinture de cire qui égalait en longueur le tour de la ville et des faubourgs, et qu'on appelait la *Bougie de la Roue*.

---

(1) L'*Allier pittoresque*, arrondissement de Moulins, p. 29.

Dans un acte capitulaire de la Collégiale, à la date du 13 juillet 1657, qui se trouve dans les Archives de la préfecture (1), on lit :
« Aujourd'hui, 13 juillet 1657, se sont pré-
« sentés en l'église Royale et Collégiale de
« Notre-Dame de Moulins, Messieurs les
« Maires et Echevins du d. Moulins, et ont
« prié la compagnie du chapitre de faire des-
« cendre l'image de *la Sainte-Vierge du lieu où*
« *elle est élevée* (2) *dans le cœur de la d. église*
« pour icelle faire porter demain, jour et fête
« de sainte Rosalie, à la procession générale
« que l'on a accoutumé de faire de la d. église,
« en celle des RR. Pères Jésuites, où sont
« conservées les reliques de la dite sainte,
« suivant le vœu qui en fut fait en 1630, en
« laquelle cette ville fut affligée de peste,
« et la contagion fut arrêtée par la bonté de
« Dieu, après le vœu solennellement fait de
« la d. procession en l'honneur de la d. sainte,
« le clergé et toutes les compagnies de la ville

(1) *Fond du chapitre. Reliques.*
(2) Elle était ainsi *élevée* dans le chœur par un ouvrage de serrurerie très-artistement composé.

« assemblées, depuis lequel temps la proces-
« sion a été faite à chacun jour et feste de la
« sainte le 14º du présent, authorisée et hon-
« norée de l'assistance des seigneurs Evêques
« d'Autun et de Sarlat (1), lorsqu'ils se sont
« trouvés en cette ville, les Compagnies reli-
« gieuses et séculières s'étant à cette fin ren-
« dues en la dite église et ont accompagné la
« d. procession en laquelle était portée avec
« respect et dévotion la d. YMAGE DE
« NOTRE DAME GARDÉE ET RESPEC-
» TÉE EN LA D. EGLISE DEPUIS NEUF
« A DIX SIÈCLES. . . . .

Le Maire et les Echevins avaient adressé la même requête aux Compagnies du clergé de la ville qui avaient refusé d'assister à cette procession. Nonobstant ce refus, le chapitre décide que « ayant égard que la procession se
« doit faire le jour de demain et que les
« peuples sont menassés de peste, *les provin-*
« *ces voisines en étant affligées* et que le sus dit

---

(1) *Jean de Lingendes*, év. de Sarlat, sacré évêque le 14 décembre 1642, évêque de Mâcon en 1650. (Note fournie par M. Bouchard.)

« vœu depuis la d. année 1630, a toujours été
« observé....., décide qu'il y assistera. »

En faisant la part de l'exagération de l'ancienneté attribuée à notre Vierge, on voit en quel grand honneur elle était tenue, et quel degré de confiance on avait en son intercession, lorsqu'il s'agissait de quelque grande calamité publique !

Maintenant, écoutons l'abbé Garreau, qui avait eu à sa disposition les mémoires du couvent de la Visitation de Moulins (1), il raconte :

« Qu'après avoir rendu les derniers de-
« voirs au duc de Montmorency, l'époux le
« plus tendrement aimé, on ne pensa plus
« dans le couvent qu'à se disposer au renou-
« vellement des vœux qui s'y fait tous les
« ans le jour de la Présentation. On était à
« la veille de cette fête qui devait être célé-
« brée cette année avec une solennité extraor-
« dinaire. Elle devint l'époque à jamais mé-
« morable d'un miracle éclatant, que la puis-

---

(1) *Vie de Mme la duchesse de Montmorency, supérieure de la Visitation de Sainte-Marie de Moulins.* Clermont-Ferrand, chez Vialanes, 1769, t. II, p. 144.

« sance de Dieu daigna opérer aux yeux de
« toute la ville.

« Messieurs les chanoines de l'Eglise Col-
« légiale avaient promis à la duchesse de
« porter processionnellement ce jour-là à son
« église, une statue de la très-sainte Vierge,
« qu'ils possèdent depuis plusieurs siècles
« et à laquelle, par un esprit de piété et de
« reconnaissance, les habitants de Moulins
« avaient et ont encore une singulière dévo-
« tion. Mais la nuit du 20 novembre au 21
« 1655, le feu prit si vivement dans le voisi-
« nage de la Collégiale, qu'il y eut lieu de
« craindre qu'elle ne fût toute consumée. Ce
« fut bientôt un horrible incendie. Malgré
« tous les efforts des habitants, beaucoup de
« maisons furent la proie des flammes. Les
« ravages du feu changeant leur direction,
« gagnèrent jusqu'à la grande tour de l'Hor-
« loge qui fut fort endommagée et dont on
« appréhenda la ruine entière.

« Dans cette extrémité où tous les secours
« de l'activité des hommes étaient impuis-
« sants, vers les onze heures du matin, les
« magistrats et le peuple, guidés par une
« foi vive, demandèrent et obtinrent que le

« chapitre portât le Saint-Sacrement vers
« l'endroit où les flammes semblaient tout
« dévorer ; elles avaient pénétré jusqu'au
« haut de l'Horloge, en avaient fondu le
« timbre et de là menaçaient toute la ville
« d'un embrasement général.

« (1) On avait aussi descendu la statue de
« la Vierge de la place où elle est toujours
« au-dessus du grand autel, et on l'avait por-
« tée dans la sacristie, le visage tourné du
« côté de l'incendie. Quelqu'un enleva le
« voile qui la couvrait et le jeta prompte-
« ment au milieu des flammes à la vue de
« tout le peuple rassemblé. Aussitôt, le
« Maître souverain des éléments, pour accré-
« diter de plus en plus le culte que l'on rend
« à sa mère et augmenter la confiance en
« son intercession, fit éclater sa toute puis-
« sance. Le vent cessa, les flammes s'a-
« battirent et l'on vit tomber du haut de la
« tour, en gros pelotons de feu, les matières
« embrasées qui s'éteignirent sur le champ.

(1) Ce détail est tiré des archives de l'église de Notre-Dame *qui existaient alors et que l'abbé Garrand avait sous les yeux.*

« Durant tout ce désastre, les communau-
« tés de la ville et celle de la Visitation en
« particulier furent en prières pour implorer
« la miséricorde de Dieu. La supérieure sup-
« plia Mme de Montmorency de trouver bon
« qu'on ne différât pas davantage la messe
« de communauté et le renouvellement des
« vœux, lui représentant qu'on avait déjà
« beaucoup attendu et que l'incendie conti-
« nuant toujours, il n'y avait aucune appa-
« rence qu'on pût tenir la promesse qu'on
« lui avait faite : *Ma Mère*, répondit la du-
« chesse avec un air de confiance qui devait
« en inspirer aux autres, *je vous prie, atten-
« dons jusqu'après les onze heures et demie*. En
« effet, c'était en ce moment que le Seigneur
« opérait le miracle dont je viens de parler,
« et peu de temps après la procession du
« chapitre entra dans l'église de Sainte-
« Marie. On chanta la grand'messe, et les
« religieuses eurent la douce satisfaction de
« renouveler leurs saints engagements aux
« pieds de la Mère de Dieu, leur avocate, dont
« la statue avait été posée près de la grille.

« On ne peut exprimer la joie que la du-
« chesse ressentit de la faveur qu'elle avait

« obtenue de la Reine du Ciel, malgré toutes
« les raisons apparentes qu'elle avait eu de
« ne pas l'espérer..... »

Je trouve dans le n° 417 de l'inventaire imprimé des archives de la ville de Moulins (1), la confirmation du récit de l'abbé Garreau, au moins pour ce qui concerne l'incendie : « 30 novembre 1651. Ordonnance des
« officiers municipaux qui indique une pro-
« cession générale au 2 décembre, en action
« de grâce, de ce que la ville a échappé à
« l'embrasement auquel l'exposait l'incendie
« des anciennes halles et de l'Horloge, et pour
« obtenir la préservation de pareils fléaux. »

Je mentionne, toujours d'après des pièces authentiques, d'autres circonstances dans lesquelles l'assistance de notre *Vierge* était instamment réclamée ; il est bon surtout de remarquer que ce sont toujours les représentants de la population de Moulins, le maire et les échevins qui viennent implorer son secours, et que le chapitre ne fait qu'obtempérer à leurs instances.

(1) Intitulé : *Cérémonies et principaux événements tirés les registres*, 1 vol. in-folio, page 84.

Le 20 mai 1635, le chapitre (1) après avoir été prié par MM. le maire et échevins de la ville, va processionnellement et portant l'*Image* de *Notre-Dame* à l'*Eglise des Carmes* où un des chanoines chanta la grand'messe pour *obtenir du Ciel la pluie* dont le besoin était extrême.

Juin 1712. Procession pour le *beau temps* (2). MM. du Présidial et les officiers de la ville se sont rendus à la Collégiale pour assister à la procession qu'ils avaient prié le chapitre de faire *en portant l'Image de la sainte Vierge*.

Au folio 62 de l'inventaire cité plus haut, on lit également cette note à la date du 10 juin 1724 (3). « Si c'est pour avoir du beau
« temps, la procession va à l'église des
« Carmes, si c'est pour avoir de la pluie, on
« va aux Jacobins. *On porte l'Image de la sainte*
« *Vierge*. »

Malgré la destruction d'une foule de docu-

---

(1) *Usages et Coutumes....* par Dom Turpin. — Archives de la préfecture.

(2) *Usages et Coutumes...*, par Dom Turpin. — Archives de la préfecture.

(3) Intitulé ; *Cérémonies*, etc. — (Archives de la mairie).

ments qui auraient encore apporté plus de lumière, il est suffisamment démontré que notre *Vierge* était invoquée dans toutes les circonstances graves qui menaçaient la cité ou ses habitants.

Qu'il me soit permis maintenant d'émettre un vœu pour qu'elle soit réintégrée dans le chœur *au lieu où elle était élevée* avant la Révolution. La plus simple loi de la reconnaissance nous en fait l'obligation, afin de lui rendre un nouvel hommage pour tous les bienfaits dont elle a comblé nos ancêtres.

Le jour de l'Assomption, on la promène triomphalement dans les rues de Moulins ; mais d'élégants reposoirs ne sont pas dressés sur les promenades, comme le dit l'abbé Boudant. Cette pratique est réservée à la Fête-Dieu. Depuis 1854, les Frères du pensionnat Saint-Gilles, par un privilége qu'ils doivent à Monseigneur de Moulins, portent la statue miraculeuse à la procession solennelle du vœu de Louis XIII. L'abbé Boudant qui tenait la plupart des détails qu'il donne, de Monseigneur Gueulette, ancien curé de la cathédrale, raconte « que pendant « les jours néfastes de 1793, la statue fut

« cachée avec des tableaux et quelques autres
« objets de piété dans l'un des caveaux de
« l'église qui fut à cette époque transformée
« en temple de la Raison. Retirée après
« trois ans de cette humide retraite, sans
« avoir été, ni elle, ni les draperies qui la
« recouvraient, le moindrement altérées, ce
« qui fut presque regardé comme un miracle,
« on l'installa dans la chapelle où elle se
« voit maintenant. »

Notre *Vierge Noire* ne fut pas installée immédiatement dans la chapelle où on la voit maintenant. Lorsque le culte fut rétabli dans la Collégiale, au commencement de ce siècle, d'après le témoignage des personnes nées dans le siècle dernier et qui vivent encore, la *Vierge* aurait été d'abord placée derrière le maître-autel, au-dessous du vitrail de la *sainte Vierge*, de *saint Pierre* et de *sainte Barbe*, dans une chapelle que l'on avait organisée entre deux des piliers qui sont réunis par un massif au mur du chevet. Après y être restée quelques années, elle remplaça dans la chapelle de *sainte Geneviève* la statue de cette sainte. C'est là où on la voit maintenant. Quant à la chapelle du chevet, elle fut supprimée, pour laisser la circulation plus libre devant le tombeau.

Dans la chapelle où elle se trouve maintenant, notre Vierge a été placée au milieu d'un retable (1) du xvie siècle; sur la frise du couronnement de ce retable, on lit cette inscription :

HIC EST FILIVS MEVS VNICVS DILECTVS
IN QVO MIHI BENE COMPLACVI.

Celui-ci est mon fils unique bien-aimé dans lequel j'ai mis toutes mes complaisances.

Ce sont les paroles que *Dieu le Père* prononce à travers la nuée dans la grande scène de la *Transfiguration* ; on remarquera que le mot *vnicus* ne fait pas partie du texte de saint Mathieu C. xvii, 5, et qu'il a été ajouté par l'artiste.

Au-dessous de cette inscription, dans une espèce de niche semisphérique, on voit le *Saint-Esprit* sous la forme d'une colombe les

---

(1) C'est le nom que l'on donne à la table posée verticalement au-dessus du dossier de l'autel (Viollet Leduc. Dictionnaire du Mobilier. 1er vol., p. 241.)

ailes étendues; il est là pour servir de trait d'union entre *Dieu le Père* dont nous venons d'entendre les paroles, et *Dieu le Fils* enfermé dans le tabernacle de l'autel. Cette présence de la *Trinité* vient corroborer le sentiment de ceux qui pensent que cette chapelle a toujours été consacrée à contenir la réserve.

Suivant une autre opinion, bien que le texte de l'inscription se rapporte à la Transfiguration et non au baptême de Notre-Seigneur Jésus-Christ (1), cette chapelle aurait été celle des Fonts-Baptismaux destinés peut-être aux familles des officiers et serviteurs de la Collégiale placés sous la juridiction du chapitre. Il se peut également qu'ils aient servi dans quelques autres circonstances que l'on n'indique pas. La piscine demeurée au côté de l'Epitre et la présence du Saint-Es-

---

(1) *Texte de la Transfiguration.*
Hic est filius meus *unicus* dilectus in quo mihi bene complacui. Saint Mathieu XVII. v.

Textes du baptême de Notre-Seigneur :
Tu es filius meus unicus dilectus : in te complacui mihi. Saint Luc. III. 22.

Tu es filius meus dilectus : in te complacui. Saint Marc. I, II.

prit indiqués par la colombe, marqueraient cette ancienne destination.

Nous donnons, sans rien affirmer, ces dernières conjectures. Elles servent au moins à montrer avec quelle rapidité s'effacent les souvenirs et les traditions d'une contrée et combien, à défaut de témoignages authentiques que d'autres plus heureux parviendront peut-être à découvrir, il est malaisé de les retrouver.

Les hautes bases des colonnes qui soutiennent le retable, sont composées de plusieurs niches plaquées, dans le goût de la fin du xve siècle ; tout le reste est du xvie ainsi que la crédence-piscine qui se trouve à gauche. Ce retable est assez finement exécuté ; mais il a été odieusement peint et doré. A droite et à gauche de la *sainte Vierge*, on a fort mal agencé deux mauvaises statues de saint *Joseph* et de saint *Joachim*, ajoutées après coup.

Dans la partie inférieure du retable, on aperçoit trois panneaux sculptés en bois, incrustés dans la pierre. Ils sont bien supérieurs aux autres qui se trouvent accrochés sur la paroi latérale et sur celle en face de l'autel.

Ces trois panneaux pourraient bien avoir fait partie des stalles du chœur ornées de quarante bas-reliefs que le cardinal de La Rochefoucauld trouvait très beaux, et aussi il en avait fait offrir (1), dit l'*Ancien Bourbonnais*, quarante mille livres pour les faire placer dans la cathédrale de Bourges.

Celui qui se trouve derrière le tabernacle représente le *crucifiement* ; le deuxième à droite : *La descente de Croix.*

Le troisième à gauche : *La Rencontre de Jésus-Christ avec sa Mère au moment où il prend sa Croix.*

Malheureusement, ces trois panneaux ont été horriblement empâtés par des couleurs à l'huile.

Il ne faut pas oublier la porte en cuivre repoussé et ciselé du tabernacle, représentant une belle *Adoration des Mages* d'un grand style, qui rappelle un peu celui de *Benvenuto Cellini.*

A droite la *Sainte-Vierge*, d'une taille majestueuse, assise, tenant l'*Enfant Jésus* nu sur

---

(1) *Ancien Bourbonnais.* Voyage pittoresque, p. 87.

ses genoux, derrière elle deux anges, derrière l'*Enfant Jésus* saint *Joseph* agenouillé. Sur cette porte, les Mages ont un aspect guerrier qu'on ne leur donne pas ordinairement. Ils sont tous les trois ceints de leur épée et revêtus d'armures de l'époque de *François I*^{er}, que leurs manteaux relevés laissent apercevoir presque entièrement : le premier portant une longue barbe, a déposé sa couronne au pied de l'Enfant Jésus, devant lequel il est agenouillé. Il tient à la main une coupe fermée dans la forme d'une custode ou d'un drageoir, il vient de l'ouvrir et l'*Enfant* y plonge la main pour en saisir le contenu qui paraît être des pièces d'or. Le second, portant également une longue barbe, est couronné et tient de la main gauche une coupe de même forme qu'il s'apprête à ouvrir de la droite. Le troisième, imberbe, couronné, sur un plan plus reculé, tient une coupe semblable à celle des deux deux autres, ces deux derniers portent sans doute la myrrhe et l'encens. En arrière, deux guerriers coiffés de casques. Au ciel, on aperçoit l'étoile qui les a guidés et qui brille au-dessus d'un paysage composé d'arbres, de rochers et de maisons, et limité à droite par une habitation qui laisse voir une colonne de son portique.

D'après la plaque en cuivre où sont relatées les fondations de trois générations de la famille *Aubery,* nous avons fait mention à la page 115 de l'*acquisition* de la *place* de cette *chapelle* et de sa *construction* opérées par Geoffroy *Aubery* et par sa femme Claudine *Chabbas,* qui avaient dû vivre tous les deux dans la seconde moitié du xvɪᵉ siècle. S'il en était ainsi, ce seraient eux qui auraient fait élever le Retable dont le style indique à peu près cette époque et qui auraient fait disposer la chapelle comme nous la voyons aujourd'hui, au moins en ce qui concerne les ouvrages en pierre. D'après une pièce qui m'a été communiquée par la famille *Aubery,* à la date du 11 mars 1776, le chapitre de l'église royale de Moulins reconnaît que Mᵐᵉ Aubry Dugoutay et ses enfants lui *ont donné l'agrément de se servir de la chapelle qui leur appartient dans la dite église, pour en faire une sacristie pendant le temps de quatre mois, délai nécessaire pour construire celle par lui projetée.* Cette pièce qui donnerait la date de la construction de l'ancienne sacristie de la Collégiale est signée par MM. les abbés : de *Bonnay* doyen, de *Brinon*, *Aladane*, *Ripoud*, *Berger*, de *Montjournal*, *Baptaudier*, de *Blot*, *Bougarel*, chanoines.

Sur la paroi, en face de l'autel de chaque côté, un grand cartouche en bois terminé par une tête d'ange, dans l'un, un médaillon ovale soutenu par des anges, représentant le *buste de Notre-Seigneur* ; dans l'autre, celui de la *Sainte-Vierge*. Entre ces deux cartouches, trois panneaux cintrés par le haut, représentant :

Au milieu, l'*Assomption de la Sainte-Vierge*. A droite, le *Couronnement de la Sainte-Vierge*, et à gauche, les *saintes Femmes montant au Calvaire*.

Sur la paroi latérale :

1º Saint *Jean l'Evangéliste* écrivant son Evangile. L'aigle est à ses pieds.

A droite et à gauche, le *Mariage de la Sainte-Vierge* et la *Visitation*.

Il ne reste plus à décrire dans cette chapelle qu'un tableau de la *Nativité de la Sainte-Vierge*, signé P. PARROCEL ; mais comme il provient de la Chartreuse de Moulins, on trouvera sa description au chapitre intitulé :

Epaves de la Révolution dans la Cathédrale de Moulins (1).

D. — *Chapelle du Sacré-Cœur.*

Cette chapelle, à laquelle on a joint la suivante qui servait de porte d'entrée à la Collégiale, est affectée aux offices du chapitre, qui sont chantés deux fois par jour dans la cathédrale. C'est dans la même chapelle que les Fonts-Baptismaux sont placés provisoirement (2). La cuve baptismale est surmontée d'un bas-relief oval horizontalement qui représente saint *Jean-Baptiste* baptisant *Notre-Seigneur* dans les eaux du Jourdain; des anges recouvrent les épaules de *Notre-Seigneur* en les essuyant. C'est une œuvre du XVIIe siècle.

(1) *Ancien Bourbonnais.* Voyage pittoresque, p. 115.
(2) Pendant qu'on imprimait ces lignes ils ont été transportés dans l'ancienne chapelle du Saint-Esprit.

Sur le retable de l'autel, on voit une grande statue en bois, de *Notre-Seigneur*, laissant voir le *Sacré-Cœur* sur sa poitrine. Elle a été exécutée par M. Demourgues, sculpteur de Moulins.

E. — *Chapelle de Sainte-Anne.*

LE TRYPTIQUE.

Cette chapelle contient une statue de sainte Anne assez médiocre, et sur l'autel un tableau de la mort de saint Joseph, par M. Massart, ancien professeur de peinture à Moulins.

Son joyau le plus précieux est le tableau à deux volets qu'on désigne ordinairement sous le nom de tryptique. La première question qui se présente est d'examiner si ces trois panneaux ont été exécutés primitivement pour constituer un tryptique. Si mes souvenirs me servent bien, il n'y a guère plus de trente-cinq ans qu'ils ont été réunis

et voici à quelle occasion : En 1837, Mérimée, inspecteur-général des monuments historiques, était venu à Moulins et avait extrait d'un rapport adressé à M. le ministre de l'intérieur, des notes d'un voyage en Auvergne dont j'ai déjà parlé. Il s'exprimait ainsi sur nos tableaux : « Je recommande en outre
« deux admirables portraits d'Anne de
« France et de son mari, Pierre Ier, duc du
« Bourbonnais ; tous les deux sont représen-
« tés à genoux ; le duc, accompagné de saint
« Pierre, son patron ; la duchesse de sainte
« Anne : derrière elle, on voit dans la même
« attitude sa fille Suzanne. Ces deux por-
« traits sont peints à l'intérieur de deux vo-
« lets qui recouvraient une plus grande com-
« position dont le sujet est la Vierge et l'en-
« fant Jésus au milieu d'une gloire. Ce der-
« nier tableau, séparé de ses volets, est placé
« dans la chapelle des Fonts. Les deux
« autres sont appliqués contre des piliers
« du chœur qui cachent de très-belles gri-
« sailles peintes sur l'extérieur de ces volets.

« Toutes ces peintures sont, dit-on, de
« Ghirlandaio, qui travailla quelque temps
« pour les ducs de Bourbonnais.

« Il serait bien à désirer qu'on en prît plus
« de soin et surtout qu'on les plaçât dans un
« lieu où elles puissent être plus facilement
« étudiées par les artistes.

Cette opinion de Mérimée émise dans un rapport officiel, causa probablement quelque émotion ; car quelque temps après, une commission ecclésiastique dont faisait partie M. l'abbé Chambon, curé de Souvigny, décréta la réunion des trois panneaux telle que nous la voyons aujourd'hui.

On eût peut-être plus sagement fait de ne pas se presser autant, et on eût peut-être fini par s'apercevoir que Mérimée avait jugé les choses un peu trop à travers la portière de sa chaise de poste, car à cette époque, MM. les inspecteurs-généraux ne dédaignaient pas d'employer ce véhicule aristocratique.

Tous ceux qui ont visité l'Italie ou l'Allemagne ont remarqué un grand nombre de tryptiques exécutés par les anciens peintres. Ces tryptiques sont de petits monuments auxquels le maître a imprimé une unité parfaite avec le cachet de son talent éminemment décoratif ; ils se terminent souvent en ogives ; mais quand ils sont coupés à angles droits comme le tableau de la cathédrale, l'artiste surmonte le plus grand panneau d'un dais rectangulaire curviforme ou d'un tympan en saillie (1) sous lequel les plus petits panneaux viennent s'abriter quand on les referme, et de cette façon, la poussière ne saurait pénétrer par les joints supérieurs.

On remarquera également que le cadre du panneau du milieu, quelque riche qu'il soit, disparaît pour ainsi dire dans la décoration générale et s'harmonise parfaitement avec les peintures, tandis que les deux petits panneaux sont le plus souvent reliés avec le grand par une simple charnière en fer, sans autre encadrement. Tel est l'agencement du tryptique de la cathédrale d'Aix qui représente le roi René et Jeanne de Laval, sa femme.

Examinons maintenant si nos peintures répondent à cet état ordinaire des tryptiques.

---

(1) Cet appendice ou couronnement du plus grand panneau, se trouve également sur les anciens tryptiques de petites dimensions en cuivre émaillé que l'on portait au cou ou sur soi et qui sont encore en usage partout où l'on professe la religion grecque.

Le plus grand est richement encadré dans une bordure de la Renaissance, formée à droite et à gauche de pilastres cannelés avec chapiteaux à feuilles d'Acanthes, qui soutiennent une plate-bande cannelée ; trois côtés du cadre sont bordés de petites rosaces rangées en palmettes : au milieu de la partie inférieure, les deux lettres P et A enlacées avec un ceinturon sur lequel on lit : *Espérance*.

Ce cadre, qui est de l'époque du tableau, a été évidemment agencé pour une peinture isolée ; il est franchement rectangulaire, et rien n'annonce qu'il ait été destiné à être relié avec d'autres. Il faut également remarquer et retenir que le style de la peinture est essentiellement Italien et appartient suivant toutes les probabilités à l'école Florentine.

Quant aux petits panneaux qui contiennent deux magnifiques peintures Flamandes, ils portent des cadres du XVIIe siècle à bordures arrondies, formées par des feuilles de laurier.

Comment pouvoir supposer que, si ces petits panneaux avaient été accolés primitivement au plus grand, on se soit ingénié au XVIIe siècle de les détacher et de les affubler d'une bordure de cette époque. Il est beaucoup plus rationel de supposer qu'ils ont pu, au commencement, être destinés à être réunis à un autre tableau avec lequel ils auraient formé le tryptique, mais que ce tableau n'ayant jamais été terminé, ou bien ayant été détruit par une circonstance inconnue, on s'est seulement préoccupé d'entourer les portraits avec une bordure du temps, sans s'inquiéter des grisailles qui, de cette façon, condamnées à être plaquées contre la muraille, étaient complétement sacrifiées. Il est d'ailleurs évident que ce panneau Italien et les deux panneaux Flamands avec leurs bordures également dissemblables de style et de caractère, n'ont jamais pu produire l'unité nécessaire pour former un tryptique.

Pour se faire une idée de cette unité, il sera bon d'examiner un tryptique qui provient de l'église des Jacobins et qui se trouve dans la salle du Conseil municipal de Moulins. Les encadrements ayant été renouvelés, il n'a pas, il est vrai, le couronnement dont il a été question plus haut; mais on verra immédiatement que c'est la même main qui a présidé à tout l'ensemble, à tous les détails et aux trois parties qui ne sauraient être séparées.

Le grand panneau représente l'*Adoration des Bergers* ; celui de droite la *Visitation*, et celui de gauche la *Présentation au Temple.*

Après avoir procédé à cet examen avec quelque attention, le spectateur en revoyant notre prétendu tryptique, restera convaincu qu'il y a lieu de séparer ce que des hommes très-respectables d'ailleurs, avaient cru devoir réunir.

Maintenant il me reste à décrire ces tableaux : le premier, le plus grand, traduit le premier verset du chapitre XII de l'Apocalypse :

La Sainte Vierge, les cheveux longs, assise sur un faldistorium, retient de la main droite l'enfant Jésus, nu, bénissant et assis sur ses genoux. Elle a une robe verte doublée d'hermine et son grand manteau pourpre est retenu sur ses épaules par une tresse d'or, terminée par trois grosses perles. Sous ses pieds, elle a un large croissant qui, conformément au texte, n'est autre chose que la lune (*Lunam sub pedibus*). Au-dessus de sa tête, deux anges tiennent une couronne d'or étincelante de pierreries et surmontée de douze étoiles. *Coronas stellarum Duodecim.*

A droite et à gauche, vers le milieu, trois groupes d'anges, debout sur les nuages et croisant les mains dans l'attitude de la prière. Plus bas, deux autres anges priant également : et enfin, de chaque côté, un ange dans la partie inférieure, tenant un large phylactère sur lequel est écrit cette paraphrase du chapitre XII, v. I de l'Apocalypse :

Hœc est. illa. de qua. sacra. canunt. Eulogia. sole, Amicta. lunam. habens. sub. Pedibz. stellis. meruit. coronari Duodecim.

« C'est elle que louent les sacrés cantiques :
« vêtue du soleil ; la lune sous ses pieds et
« trouvée digne d'être couronnée de douze
« étoiles. »

Ce tableau, malgré les injures du temps, produit encore un grand effet ; la tête de la Sainte Vierge regardant avec amour son divin fils est charmante de forme : elle se détache sur le fond de soleil (*amicta sole*) que le peintre a traduit par la dégradation des couleurs de l'arc-en-ciel. Les huit anges qui sont de chaque côté, forment autour de la Sainte Vierge la véritable auréole de la Jérusalem céleste. Les deux anges qui tiennent la couronne, sveltes, élancés, sont surtout d'une grâce et d'une légèreté incomparables. Ce grand panneau est un souvenir de l'école Florentine et surtout de cette famille d'artistes, des *Guirlandaï* qui ont exécuté de si belles fresques à Florence dans l'*église de la Trinité* et dans celle de *Sancta-Maria Novella*. Ils étaient quatre frères : *Domenico, Ridoflo, David* et *Benedetto*. Comme ce dernier est le seul des trois qui ait voyagé hors de l'Italie, on présume que notre tableau fut son ouvrage.

Si nous passons aux petits panneaux, nous trouvons d'abord celui qui représente *Pierre II*, il a la couronne ducale sur la tête, les mains jointes, à genoux sur un riche tapis ; il porte un manteau pourpre avec doublure d'hermine rabattue sur les épaules en forme de pèlerine.

Derrière lui, saint *Pierre*, debout, une tiare étincelante de pierreries sur la tête ; il est couvert d'une magnifique chape où les pierres précieuses éclatent à côté des plus belles couleurs du tissu le plus précieux. Saint *Pierre*, les yeux tournés vers le ciel, tient les clefs de la main droite et avance la main gauche devant la tête de *Pierre II*, comme pour le désigner à la protection du Très-Haut. Les deux têtes sont magnifiques de couleur et d'expression, et rappellent les grandes traditions de *Jean van Eyck* et *Jean Memlinc*. Les mains sont bien dessinées et le ton général est très-riche.

Le panneau d'*Anne de France* est peut-être encore plus éclatant : elle est également à genoux, les mains jointes ; derrière, à genoux également, *Suzanne de Bourbon*, sa fille. *Anne* porte un surcot d'hermine, garni d'un orfroi en drap d'or bordé de perles et rehaussé de pierreries. Son manteau rouge-vif, doublé d'hermine, retombe majestueusement de ses épaules et étale ses larges plis sur le plancher recouvert d'un beau tapis ; à côté d'elle, à sa droite, sainte *Anne*, debout : une guimpe blanche lui enveloppe la tête et le cou et descend sous la robe ; par dessus, un voile de soie blanche rattaché sur la poitrine par une agrafe de pierreries, et enfin sur le voile, une coiffe en drap d'or ; manteau bleu ; robe brune. Ses mains sont inclinées l'une vers la tête d'*Anne*, l'autre vers celle de *Suzanne*.

La tête d'Anne est empreinte d'une dignité sereine et aussi d'une volonté ferme. L'exécution de ce panneau, à la fois large et précieuse, a communiqné à tout l'ensemble un cachet de calme et de grandeur qu'on ne saurait trop apprécier.

En contemplant ces deux magnifiques portraits, on se prend à regretter que le maître n'ait pas complété ce tryptique ou que l'ayant complété, son œuvre se soit perdue.

Ce qui augmente encore ces regrets, c'est la vue des belles grisailles qui sont peintes sur le verso et qui sont de la même main que les portraits.

Sous une arcature du commencement du XVIe siècle aux lobes chargés d'un ceinturon sur lequel on lit : *Espérance*, la *Sainte Vierge* est agenouillée devant un pupitre qui porte un livre, lorsqu'elle aperçoit l'ange *Gabriel* tenant de la main gauche une baguette terminée par un lys et la saluant en lui montrant le ciel de la main droite. Autour de lui flotte un phylactère sur lequel on lit la formule de la salutation : AVE MARIA GRATIA PLENA. La *Sainte Vierge*, en signe de pieux étonnement, tient élevées ses mains ouvertes dans la direction de l'Ange.

Deux anges dans le fond du panneau de la

Sainte Vierge et trois autres derrière l'ange *Gabriel* assistent à cette scène imposante. On retrouve dans ces grisailles l'expression naïve des têtes, la belle disposition et l'ampleur des draperies, le fini précieux des détails ; en un mot toutes les qualités qui caractérisent la belle époque de l'école Flamande.

F. — *Chapelle des Reliques.*

Sur l'autel de cette chapelle, se trouve un tableau représentant l'*Annonciation* avec la signature assez obscure : CBIXI. 1705.

Ce tableau qui, par sa date, paraît avoir fait partie de ceux qui étaient dans la Collégiale, aura été enlevé avec plusieurs autres, dans le but de les soustraire à la fureur révolutionnaire ; il appartenait évidemment à la chapelle de l'*Annonciation*, celle qui vient d'être décrite. A l'époque de la réorganisation du culte, sans avoir égard aux traditions, on l'aura placé dans la troisième chapelle, tandis qu'il devait être réintégré dans la *seconde en entrant* par la *grande porte de l'église, du côté du marché au bled*, comme elle est décrite à la date du 25 août 1721, dans les titres concernant la chapelle de l'*Annonciation*.

Les reliques rapportées de Rome par Mgr de Moulins et qui avaient été placées dans cette chapelle, sont renfermées dans treize reliquaires très-artistement disposés par un jeune prêtre du diocèse. Ils affectent tantôt la forme d'une croix, tantôt celle du frontispice d'une cathédrale. Le premier est placé sur l'autel, il consiste en une croix de Calvaire, posée sur un tertre qui figure le Golgotha. Il renferme des reliques de *Notre-Seigneur Jésus-Christ*, comme l'indique l'inscription placée en haut du cadre, à droite et à gauche : *Reliquiæ D. N. J.-C.*

LES DIFFÉRENTES RELIQUES SONT DES FRAGMENTS

1° *Ex ligno veræ crucis*. — Du bois de la vraie Croix ;
2° *Ex titulo*. — Du titre de cette même Croix ;
3° *Ex scamno*. — D'un banc sur lequel *Notre-Seigneur* s'est assis ;

4° *Ex veste inconsutili.* — De la Robe sans couture de Notre-Seigneur ;

5° *Ex columna Flagellationis.* — De la colonne où il fut flagellé ;

6° *Ex purpura.* — De son manteau de pourpre ;

7° *Ex tabula ultimæ cænæ.* — De la table de la dernière Cène ;

8° *Ex Scobe clavorum.* — De la limaille des clous ;

9° *Ex Spina coronæ.* — De la couronne d'épine ;

10° *Ex Spongia.* — De l'éponge ;

11° *Ex Arundine.* — Du roseau.

Les douze autres reliquaires sont affectés aux douze mois de l'année et disposés jour par jour, suivant l'ordre du Martyrologe romain. Plusieurs jours sont souvent représentés par les reliques de douze ou quinze Martyrs ou Confesseurs, parmi lesquelles les fidèles sont appelés à vénérer plus particulièrement celles de leurs saints patrons.

Abreviationes.

a., *abb.* — Abbas. — *Abbé.*
anach. — Anachoreta. — *Anachorète.*
ap — Apostolus. — *Apôtre.*

arch. — Archiepiscopus. — *Archevêque.*
car. — Cardinalis. — *Cardinal.*
c. — Confessor. — *Confesseur.*
d. — Diaconus. — *Diacre.*
doc. — Doctor. — *Docteur.*
e., ep. — Episcopus. — *Évêque.*
erem. — Eremita. — *Ermite.*
imp. — Imperator. — *Empereur.*
imp. — Imperatrix. — *Impératrice.*
m. — Martyr. — *Martyr.*
mat. — Matrona. — *Matrone.*
med. — Medicus. — *Médecin.*
mil. — Miles. — *Soldat.*
mon. — Monachus. — *Moine.*
ord. p. — ordinis prædicatorum. — *De l'ordre des Frères prédicateurs.*
p. p. — Papa. — *Pape.*
p. — Presbyter. — *Prêtre.*
r. reg. — Rex *ou* regina. — *Roi ou Reine.*
rel. — Religiosa. — *Religieuse.*
senat. — Senator. — *Sénateur.*
subd. — Subdiaconus. — *Sous-diacre.*
vid. — Vidua. — *Veuve.*
v. ou *virg.* — Virgo. — *Jeune fille.*

JANUARIUS (Janvier.)

1. S. Fulgentii, *e.* Basilii, *e.* Eugendi, *a.* Martinæ, *v. m*, Euphrosinæ, *v.* Almachii, *m.* Concordii, *p. m.* Magni, *m.* Odilonis, *a.*
2. S. Isidori, *e.* Martiniani, *e.* Isidori, *e. a.* Macarii, *e.*
3. S. Anteri, *p. p. m.* Florentii, *e. m.* Genovefæ, *v.* Petri, *m.* Cyrini, *m.* Primi, *m.* Theogenis, *m.* Theopempti, *m.* Athanasii, *m.* Zozimi, *m.* Danielis, *m.* Théonæ, *m.*
4. S. Titi, *e.* Gregorii, *e.* Rigoberti, *e.* Josephi Leonis. Aggei, *m.* Caii, *m.* Benedictæ, *m.* Priscilliani, *m.* Dafrosæ, *m.* Hermetis, *m.* Mavili, *m.* Prisci, *m.* Aquilini, *m.* Gemini, *m.* Eugenii, *m.* Martiani, *m.* Quincti, *m.* Floriani, *m.* Theodori, *m.* Tryphonis. *m.*
5. S. Telesphori, *p. p. m.* Eduardi, *reg. ang.* Simeonis, *stylit.* Emilianæ, *v.* Apollinaris, *v.*
6. S. Melani, *e.* Andreæ Corsini. Macræ, *v. m.*
7. S. Crispini, *e.* Nicetæ, *e.* Theodoti, *mon.* Luciani, *p. m.* Januarii, *m.* Juliani, *m.* Cleri, *m.* Felicis, *m.*
8. S. Apollinaris, *e.* Severini, *e.* Maximi, *e.* Patientis *e.* Laurentii Just. Severini, *a.* Eugeniani, *m.* Maximiani, *m.* Juliani, *m.* Theophili. *m.* Helladii, *m.*
9. S. Marcellini, *e.* Petri, *e.* Stæ Basilissæ, *v.* Marcianæ, *v. m.* Jucundi, *m.* Juliani, *m.* Celsi, *m.* Secundi, *m.* Revocati, *m.* Vitalis, *m.* Antonii, *p. m.* Fortunati, *m.* Felicis, *m.* Anastasii, *m.* Vitalis, *m.*
10. S. Agathonis, *p. p.* Joannis boni, *e.* Marciani, *p.* Nicanoris, *d.* Pauli primi *erem.* Gondisalvi, *ord. p.*
11. S. Hygini, *p. p. m.* Leucii, *e.* Alexandri, *e. m.* Salvii,

e. m. Salvii, *m.* Palemonis, *a.* Anastasii, *mon.* Theodorii, *c.* Honoratæ, *v.* Petri, *m.* Severi. *m.*

12. S. Joannis *e.* Probi, *e.* Benedicti, *a.* Taxianæ, *v. m.* Satyri, *m.* Arcadii, *m.* Zotici, *m.* Tigrii, *m.* Modesti, *m.* Rogati, *m.* Castuli, *m.* Eutropii, *m.*

13. S. Hilarii, *e.* Leontii, *e.* Agritii, *e.* Viventii, *c.* Glaphyræ, *v.* Hermyli, *m.* Stratonice, *m.* Potiti. Gumesindi, *p. m.* Servidei, *mon. m.* B. Veronicæ, *v.*

14. S. Hilarii, *e.* Datii, *c.* Euphrasii, *e.* Felicis. *p.* Stæ Macrinæ, *v.*

15. S. Maximi *e.* Boniti, *e.* Mauri, *a.* Macarii, *a.* Joannis Calyb. Stæ Secundinæ, *v. m.* Ephesii, *m.*

16. S. Marcelli, *p. p. m.* Honorati, *e.* Titiani, *e.* Melæ, *e.* Honorati, *a.* Fursei, *c.* Priscillæ, *v. m.* Berardi, *m.* Petri, *m.* Othonis, *m.* Adjuti, *m.* Accursii, *m.*

17. S. Sulpicii, *e.* Antonii, *a.* Antonii, *mon.* Meruli, *id.* Joannis, *id.* Leonillæ, *m.* Diodori, *p. m.* Mariani, *d. m.*

18. S. Volusiani, *e.* Leobardi, *e.* Priscæ, *v. m.* Liberatæ, *v.* Mosei, *m.* Ammonii, *m.* Deicolæ, *a.*

19. S. Canuti, *r. m.* Bassiani, *e.* Germani, *m.* Germanici, *m.* Pauli, *m.* Gerontii, *m.* Januarii, *m.* Saturnini, *m.* Julii, *m.* Pontiani. *m.* Stæ Germanæ, *m.* Piæ, *m.*

20. S. Fabiani. *p. p. m.* Mauri, *e* Euthymii. *a.* Sebastiani, *m.* Neophyti, *m.*

21. S. Publii, *e.* Fructuosi, *e. m.* Epiphanii, *e.* Meinardi, *ere.* Agnetis, *v. m.* Eulogii, *m.* Augurii. *m.*

22. S. Gaudentii, *e.* Anastasii, *mon. m.* Dominici, *a.* Vincentii, *lev m.* Orontii, *m.* Victoris, *m.* Vincentii, *m.*

23. S. Clementis, *e. m.* Joannis, *c.* Ildefonsi, *e.* Raymundi de Pen. Emerentianæ, *v. m.* Parmenæ, *d. m.* Agathangeli, *m.*

24. S. Timothei, *e.* Babylæ, *e.* Feliciani, *e.* Zamæ, *e.*
25. S. Projecti, *e.* Bretannionis, *e.* Popponis, *a.* Ananiæ, *m.* Juventini, *m.* Maximi, *m.* Donati, *m.* Sabini, *m.*
26. Ste Bathildis, *reg.* S. Polycarpi, *e. m.* Theogenis, *c.* Paulæ, *vid.*
27. S. Vitaliani, *p. p.* Joannis Chrys., *e.* Juliani, *e.* Mauri, *a.* Juliani, *m.* Aviti, *m.*
28. S. Cyrilli, *e.* Valerii, *e.* Joannis, *p.* Jacobi, *erem.* Flaviani, *m.* Leonidis, *m.* Thyrsi, *m.*
29. S. Franc-Salesii, *e.* Constantii, *e. m.* Valerii, *e.* Sulpicii, *e.* Severii, *e.* Papiæ, *m.* Aquilini, *p. m.* Mauri, *m.*
30. S. Felicis IV, *p. p. c.* Barsimæi, *e. m.* Bersen, *e.* Barsen, *e.* Mathiæ, *e.* Stæ Martinæ, *v. m.* Aldegundis, *v.* Savinæ, *v.* Hyacinthæ Marisc. Hyppoliti, *p. m.* Feliciani, *m.* Alexandri, *m.*
31. S. Germiniani, *e.* Petri Nolasco, *c.* Julii, *p. c.* Marcellæ, *vid.* Cyri, *m.* Joannis, *m.* Metrani, *m.* Saturnini, *m.* Victoris, *m.* Zotici, *m.* Cyriaci, *m.* Btæ Ludovicæ Alber.

FEBRUARIUS (Février.)

1. S. Ignatii, *e. m.* Severi, *e.* Pauli, *e.* Stæ Brigittæ, *v.* Veridianæ, *v.* Pionii, *p. m.* B. Andreæ Conti.
2. S. Cornelii, *e.* Flosculi, *e.* Laurentii, *e.* Aproniani, *m.*
3. S. Blasii, *e. m.* Celerini, *dia.* Laurentini, *m.* Ignatii, *m.* Felicis, *m.* Sympronii, *m.* Hippoliti, *m.* Remedii, *e.* Lupicini, *e.* Felicis, *e.* Anscharii, *v.* Nicolai *à long.*
4. S. Eutychii, *m.* Aquilini, *m.* Gemini, *m.* Gelasii, *m.* Magni, *m.* Donati, *m.* Remberti, *e.* Aventini, *e. c.* Isidori, *mon.* Gilberti, *c.* Josephi à Leonissa.

5. S. Aviti, *e*. Gemini, *e*. Albini, *e*. Agathæ, *v. m*. Isidori, *m*.
6. S. Amandi, *e. m*. Vedasti, *e. m*. Guarini, *e. car*. Dorotheæ, *v. m*. Theophili, *m*. Revocatæ, *m*. Sylvani, *e. m*. Antholiani, *m*.
7. S. Anguli, *e. m*. Moysis, *e*. Richardi, *rég. ang*. Romualdi, *a*. Adaucti, *m*. Theodori, *m*. Julianæ. *vid*.
8- S. Joannis de Matha. Pauli, *m*. Lucii *m*. Cyriaci, *m*. Dyonisii, *m*. Æmiliani, *m*. Sebastiani. *m*. Cointha, *m*. Juventii, *c*. Honorati, *c*. Pauli, *e*. Stephani, *a*. Petri, *e. car*. Hycronimi, *æmil*.
9. Stæ Apolloniæ, *v. m*. S. Alexandri, *m*. Nicephoris, *m*. Primi, *d. m*. Donati, *d. m*. Ansberti, *e*. Sabini, *e*.
10. S. Silviani, *e*. Sta Soteris, *v. m*. S. Irenei, *m*. Zotici, *m*. Hyacinthi, *m*. Amantii. *m*. Guillelmi, *ere*. Stæ Scholasticæ, *v*. Austrebertæ, *v*.
11. S. Lucii, *e. m*. Desiderii, *e. m*. Lazari, *e*. Castrensis, *e*. Saturnini, *p. m*. Dativi, *m*. Felicis, *m*. Severini, *a*.
12. S. Gaudentii, *e*. Antonii, *e*. Meletii, *e*. Eulaliæ, *r*. Damiani, *mil. m* Modesti, *m*. Juliani, *m*. Modesti, *m*. Ammonii, *m*.
13. S. Gregorii, II, *p. p*. Lucinii, *e*. Stephani, *e*. Stæ Fuscæ, *v. m*. S. Benigni, *m*. Juliani, *m*. Stæ Mauræ, *m*. S. Stephani, *a*. Stæ Catharinæ de Ricci.
14. S. Valentini, *e. m*. Eleuchadii, *e*. Valentini, *p. m*. Vitalis, *m*. Zenonis. *m*. Proculi, *m*. Apollonii, *m*. Dyonisii, *m*. Ammonii, *m*. Stæ Feliculæ, *m*. Auxentii, *a*. Antonii, *a*.
15. S. Quinidii, *e*. Decorosi, *e*. Faustini, *m*. Jovitæ, *m*. Stæ Agapis, *v. m*. Cratonis, *m*. Saturni, *m*. Castuli, *m*. Magni, *m*. Lucii, *m*. Stæ Georgiæ, *v*.
16. S. Onesimi, *e*. Faustini, *e*. Stæ Julianæ, *v. m*. S. Juliani, *m*. Eliæ, *m*. Samuelis, *m*. Danielis, *m*. Gregorii X, *p. p*.

17. S. Silvini, *e.* Faustini. *m.* Donati, *m.* Secundiani, *m.* Romuli, *m.* Theoduli, *m.* B. Alexii Falcon.
18. S. Simeonis. *e. m.* Flaviani, *e.* Helladii, *e.* Claudii, *m.* Alexandri. *m.* Lucii, *m.* Silvani, *m.* Secundini, *m.* Maximi, *m.* Cutiæ, *m.*
19. S. Mansueti, *e.* Barbati. *e.* Auxilii, *e.* Zambdæ, *e.* Gabini, *p.* Juliani, *m.* Marcelli, *m.*
20. S. Eleutherii, *e. m.* Leonis, *e.* Eleutherii, *e. c.* Pothamii, *m.* Nemesii, *m.* Zenobii, *m.*
21. S. Severiani, *e. m.* Maximiani, *e.* Felicis, *e.* Paterii, *e.* Secundini, *m.* Felicis, *m.* Saturnini, *m.* Fortunati, *m.* B. Alvari.
22. S. Papiæ, *e.* Paschasii, *e.* Stā Margarita *à cort.*
23. S. Petri Damiani, *e.* Felicis, *e.* Stæ Marthæ, *v. m.* S. Lazari, *mon m.* Polycarpi, *p.* Florentii, *c.* Stæ Romanæ, *v.*
24. S. Mathiæ, *ap.* Pretextati, *e. m.* Modesti, *e.* Edilberti, *reg.* Stæ Primitivæ, *m.* S. Sergii, *m.* Montani, *m.* Juliani, *m.* Flaviani, *m.*
25. S. Felicis III. *p. p.* Victorini, *m.* Victoris, *m.* Serapionis, *m.* Papiæ, m.
26. S. Nestoris, *e.* Alexandri, *e.* Faustiniani, *e.* Porphirii, *e.* Andreæ, *e.* Felicis, *m.* Claudiani, *m.* Fortunati, *m.*
27. S. Leandri, *e.* Alexandri, Abundii, *m.* Fortunati. *m.*
28. S. Macarii, *m.* Rufini, *m.* Justi, *m.* Theophili, *m.* Caii. *m.* Serapionis, *m.* Romani, *a.* B. Thomæ à Cor.

MARTIUS (Mars.)

1. S. Herculani, *e. m.* Albini, *e.* Donati, *m.* Abundantii *m.* Nicephori, *m.* Hermetis, *m.* Adriani. *m,* Leonis. *m.* Stæ Antoninæ, *m.*

2. S. Simplicii, *p. p. c.* Lucii, *e.* Jovini, *m.* Basilei, *m.* Pauli, *m.*
3. S. Titiani, *e.* Asterii, *m.* Marini, *mil. m.* Felicis. *m.* Fortunati, *m.* Cleonici. *m.* Eutropii, *m.* Basilisci, *m.* Stæ Cunegondis, *imp.* Marciæ, *m.*
4. S. Lucii, *p. p. m.* Eugenii. *e.* Ephrœm, *e.* Arcadii, *e.* Cyrilly, *m.* Casimiri, *reg.*
5. S. Theophili, *e.* Adriani. *m.* Phocæ, *m.* Victorini, *m.*
6. S. Marciani *e. m.* Basilii, *e.* Victoris, *m.* Stæ Colletæ, *v.*
7. S. Thomæ Aquin. Theophili. *e.* Pauli, *e.* Gaudiosi, *e.* Stæ Perpetuæ, *m.* Felicitatis, *m.*
8. S. Cyrilli. *e. m.* Felicis, *e.* Juliani. *e.* Philemonis, *m.* Apollonii, *m.* Rogati, *m.* Felicis, *m.* Urbani, *m.* Stæ Felicitatis, *m.* S. Joannis *de Deo.*
9. S. Gregorii. *e.* Paciani. *e.* Cyrilli, *e.* Stæ Franciscæ, *rom.* Catharinæ, *bon.*
10. S. Macarii. *e. e.* SS. 40 Martyrum. S. Codrati. *m.* S. Dionysii. *m.* Cypriani, *m.* Anecti, *m.* Pauli, *m.* Crescentis, *m.* Victoris, *m.* Alexandri, *m.* Attalæ, *ab.* Droctovei. *ab.*
11. S. Sophronii, *e.* Benedicti, *e.* Heraclii, *m.* Zosimi, *m.* Candidi, *m.* Piperionis, *m.* Trophimi. *m,* Gorgonii, *m.* Firmi- *m.* Eulogii, *p. m.* Firmini. *ab.*
12. S. Gregorii, *pp. doc.* Bernardi, *e.* Theophanis, *m.* Petri, *m.* Maximiliani. *m.*
13. S. Nicephoris. *m.* Ansovini. *e.* Macedonii, *e.* Stæ Patritiæ, *m.* Modestæ Christinæ, *v. m.* Euphrasiæ, *virg.*
14. S. Petri, *m.* Eutychii. *m.* Stæ Mathildis. *reg.*
15. S. Zachariæ, *p, p. c.* Probi. *e.* Longini, *mil. m.* Aristobuli, *m.* Nicandri, *m.* Speciosi. *mon.*
16. S. Hilarii, *e. m.* Agapiti, *e.* Heriberti, *e.* Patricii, *e.* Tatiani, *dia. m.* Felicis, *m.* Dyonisii, *m.* Papæ, *m.*

17. S. Patricii, e. S. Agricolæ, e. Joseph d'Arimat. Alexandri, m. Theodori, m. Stæ Gertrudis, virg.
18. S. Alexandri, e. Narcissi, e. Cyrilly, e. Anselmi, e. Eduardi, reg.
19. S. Apollonii, e. Leontii. e. Quincti, m. Quinctillæ, m. Quartillæ, m. Marci, m. Pancharii. m. Joseph sp. c. m. v.
20. S. Joachim pat. b. m. v. Nicetæ, e. m. Cuthberti, e. Pauli, m. Cyrilli, m. Stæ Photinæ, samarit. B. Ambrosi ord. frat. pred. Hyppoliti Galantini.
21. S. Serapionis. e. Benedicti, ab. Philomenis, m, Lupicini, ab.
22. S. Pauli, e. Epaphroditi, e. Deogratias, e. Basilii presb. m. Stæ Basilissæ. m. Catharinæ, virg.
23. S. Fidelis, m. Niconis, m. Domitii. m. Stæ Pelagiæ, m. Theodosiæ, m. S. Theoduli, p. Juliani, c. Benedicti mon. Tuxibii, arch. B. Joseph Oriol. c.
24. S. Agapiti, e. Marci, m. Timothei, m. Pigmenii, p. Dionysii, m. Romuli, m. Secundi, m. B. Joannis à bacula. B. Joseph Maria.
25. S. Pelagii, e. Irmii, e. m. Dismæ Latronis. Barontii, c. Desiderii, c. Quirini, m.
26. S. Theodori, e. Braulii, e. c. Felicis, c. Castuli, e, Petri, m, Marciani, m. Quadrati, m. Cassiani, m. Stæ Theclæ, m. S. Theodosii, m. Emmanuelis, m. Eutychii, m.
27. S. Ruperti, ep. Lazari, m. Alexandri, m. Marotæ, m. Johannis, erem.
28. S. Xisti III, p. p. Prisci, m. Malchi, m. Alexandri, m. Castoris, m. Dorothæi, m. Rogati, m. Spei, ab. Successi. m. Gunthrammi, reg.
29. S. Pastoris, m. Victorini, m. Secundi, m. Eustasii, ab.

30. S. Reguli, *e.* Pastoris. *e.* Zozimi, *e.* Victoris, *m.* Quirini, *trib. m.* Joannis Climaci.
31. S. Theoduli, *m.* Anesii, *m.* Stæ Corneliæ, *m.* Balbinæ, *virg.*

APRILIS (Avril).

1. S. Hugonis, *ep.* Venantii, *ep.* Victoris, *m.* Stephani, *m.* Quinctiani, *m.* Irenæi, *m.* Stæ Theodoræ, *m.* S. Walerici, *ab.*
2. S. Nicetii, *ep.* Abundii, *ep.* Urbani. *ep.* Benedicti a phil. Francisci de Paula. Stæ Mariæ Ægyptiacæ.
3. S. Pancratii, *ep.* Richardi, *ep.* Stæ Agapis, *v.* Burgondoforæ. *v.*
4. S. Ambrosii, *ep. doct.* Isidori, *ep.* Platonis, *mon.* Zozimi, *anach.*
5. S. Vincentii Ferrarii. Stæ Irenes, *v. m.*
6. S. Xisti, *pp. m,* Celestini, *pp. c.* Celsi, *ep.* Timothei, *m.* Marcellini, *m.* Gulielmi, *abb.*
7. S. Epiphani, *ep. m.* Saturnini, *ep.* Donati, *m.* Rufini, *m.* Cyriaci, *m.*
8. S. Dionysii, *ep.* Perpetui, *ep.* Redempti, *ep.* Amantii, *ep.* Januarii, *m.* Stæ Maximæ, *m.* S. Zachariæ, *m.*
9. S. Hugonis, *ep.* Marcelli, *ep.* Hilarii, *m.* Demetrii, *m.* Concessi, *m.* Stæ Mariæ Cleophæ. Monicæ Viduæ.
10. S. Macharii, *ep.* Terentii, *m.* Africani, *m.* Pompeii, *m.*
11. S. Leonis I, *pp. c.* Philippi, *ep.* Eustorgii, *pres.* Isaac, *mon.* Barsanuphii, *anac.*
12. S. Julii I, *pp.* Zenonis, *e. m.* Constantini, *ep,* Damiani, *ep.* Victoris, *m.* Stæ Vissiæ, *v* et *m.*

13. S. Hermenegildi, *m.* Carpi, *ep.* Ursi, *ep.* Papyli, *diac. m.* Maximi, *m.* Quinctiliani, *m.* Justini, *m.* Dadæ, *m.* Agathonicæ, *m.*
14. S. Proculi, *m. ep.* Lamberti, *ep.* Tiburtii, *m.* Valeriani, *m.* Maximi, *m.* Frontonis, *ab.* Abundii, *c.*
15. S. Maronis, *m.* Eutichetis, *m.* Victorini, *m.* Maximi, *m.* Eutychii, *m.* Theodori, *m.* Pausippi, *m.* Stæ Basilissæ, *v. m.* Stæ Anastasiæ, *v. m.*
16. S. Fructuosi, *ep.* Turibii, *ep.* B. Benedicti J. Labre. Optati, *m.* Luperci, *m.* Anicessi, *m.* Martialis, *m.* Urbani, *m.* Stæ Juliæ, *m.* Felicis, *m.* Caii, *m.* Crementii, *m.* Joachim, *ord. serv.*
17. S. Aniceti, *pp. m.* Innocentii, *ep.* Fortunati, *m.* Isidori, *mon. m.* Eliæ, *pres. m.* Petri, *diac. m.* Pauli, *mon. m.* Stephani, *abb.*
18. S. Eleutherii, *m. ev.* Galdini, *card.* Apollonii, *senat.* Stæ Anthiæ, *m.* S. Corebi, *m.* Illirici, *m.* Caloceri, *m.*
19. S. Leonis IV, *pp.* Georgii, *ep.* Vincentii, *m.* Socratis, *m.* Dionysii, *m.* Timonis, *diac. m.* Crescentii, *c.*
20. S. Marcellini, *ep.* Sulpicii, *m.* Serviliani, *m.* Victoris. *m* Zotici, *m.* Zenonis, *m.* Acindyni, *m.* Cœsarii, *m.* Severiani, *m.* Antonini, *m.* Theodori, *c.* Stæ Agnetis à *m. politiano.*
21. S. Simeonis, *ep. m.* Anastasii, *ep.* Anselmi, *ep.* Fortunati, *m.* Felicis, *m.* Sylvii, *m.* Vitalis. *m.*
22. S. Soteris, *pp. m.* Caii, *pp. m.* Leonis, *ep. c.* Theodori, *ep.* Leonidis, *m.*
23. S. Maroli, *ep.* Gerardi, *ep.* Felicis, *pres. m* Georgii, *m.* Fortunati, *diac. m.* Achillei, *diac. m.*
24. S. Melliti, *ep.* Gregorii, *ep.* Honorii, *ep.* Alexandri, *m.* Eusebii, *m.* Leonis, *m.* Longini, *m.* Fidelis à *sigm.* Stæ Bonæ, *v.*

25. S. Marci, *ev.* Aniani, *ep.* Ermini, *ep.* Evodii, *m.* Hermogenis, *m.* Callisti, *m.*
26. S. Cleti. *pp. m.* Marcellini, *pp. m.* Basilæi, *ev. m.* Petri, *ev. m.* Clarentii, *ep.* Lucidii, *ep.* Claudii, *m.* Cyrini, *m.* Antonini. *m.* Stæ Exuperantiæ, *v.*
27. S. Anastasii, *pp. c.* Anthimi, *ep. m.* Tertulliani, *ep.* Theophili, *ep.* Stephani, *m.* Castoris, *m.* Joannis, *ab.* B· Zitæ, *v.*
28. S. Marci, *ep. m.* Patritii, *ep. m.* Prudentii, *ep. m.* Pamphili, *ep.* Vitalis, *m.* Menandri, *m.* Poliœni. *m.* Stæ Theodoræ, *v. m.* Valeriæ, *m.*
29. S. Agapii, *ep. m.* Secundini, *ep. m.* Paulini, *ep.* Petri, *ord. præd. m.* Roberti, *ab.* Hugonis, *ab.* Pauli a cruce.
30. S. Eutropii, *ep. m.* Erconvaldi, *ep.* Severi, *ep.* Donati, *ep.* Laurentii, *presb. m.* Jacobi, *diac. m.* Mariani, *lect. m.* Maximi. *m.* Stæ Sophiæ, *v. m.* Catharinæ, *v. sen.*

MAIUS (Mai.)

1. S. Philippi, *ap.* Jacobi Min. *ap.* Amatoris, *ep.* Orientii, *ep.* Asaphi, *ep.* Sigismundi, *reg.* Andeoli *subd. m.* Orentii, *m.* Stæ Patientiæ, *m.* Walburgæ, *v.* Gratæ, *vid.*
2. S. Athanasii, *ep.* Saturnini, *m.* Neopoli, *m.* Germani, *m.* Cœlestini, *m.* Exuperii, *m.* Stæ Zoes, *m.* Cyriaci, *m.* Theoduli, *m.* Fidelis, *diac. m.*
3. S. Alexandri, *pp. m.* Juvenalis, *ep. c.* Eventii, *pres. m.* Theoduli, *pres. m.* Alexandri, *mil m.* Timothei, *m.* Stæ Antoninæ, *v.* Mauræ, *m.*
4. S. Sylvani, *ep.* Venerii. *ep.* Stæ Pelagiæ, *v. m.* S. Paulini, *m.* Stæ Monicæ, *vid.*

5. S. Pii V, *pp*. Maximi, *ep. m.* Eulogii, *ep.* Hilarii, *ep.* Nicetii, *ep.* Theodori, *ep.* Sacerdotis, *ep.* Geruntii, *ep.* Angeli, *pres. m.* Euthymii, *diac. m.* Silvani, *m.* Stæ Crescentianæ, *m.*

6. S. Theodori, *ep.* Eadberti, *ep.* Heliodori, *m.* Venusti, *m.* Joannis Damasceni, Stæ Benedictæ, *vir.*

7. S. Benedicti, II, *pp.* Stanislai, *ep. m.* Joannis, *ep.* Petri, *ep.* Juvenalis, *m.* Flavii. *m.* Augusti, *m.* Augustini, *m.* Quadrati, *m.* Stæ Flaviæ Domitillæ, *v. m.* Euphrosinæ, *v. m.* Theodoræ, *v. m.*

8. S. Petri, *ep.* Helladii, *ep.* Dionysii, *ep.* Acathii, *cent. m.* Victoris, *m.*

9. S. Gregorii, *ep.* Gregorii Nazianzi.

10. S. Antonini, *arch.* Cataldi, *ep.* Gordiani, *m.* Epimachi, *m.* Calepodii, *m.* Simplicii, *sen. m.* Palmatii, *m.* Felicis, *m.* Stæ Blandæ, *m.* S. Quarti, *m.* Quincti, *m.* Alphii, *m.* Philadelphi, *m.* Cyrini. *m.* Isidori Agric. B. Nicolai Albergat.

11. S. Mamerti, *ep m.* Anthimi, *pres. m.* Evelii, *m.* Maximi, *m.* Bassi, *m.* Fabii, *m.* Sisinnii, *diac. m.* Illuminati, *c.* Francisci, Majoli. *ab.*

12. S. Epiphanii, *ep.* Germani, *ep.* Nereï, *m.* Achillei, *m.* Pancratii, *m.* Dyonisii, *m.* Philippi Argyrionis.

13. S. Servatii, *ep.* Mucii, *pres. m.* Stæ Glyceriæ, *m.* S. Joannis, silent. Petri Regalati.

14. S. Pascalis I, *pp.* Bonifacii, *ep.* Bonifacii, *m.* Pontii, *m.* Victoris, *m.* Stæ Justæ, *m.* Justinæ, *m.* Henedinæ, *m.* Pacomii, *abb.*

15. S. Simplicii. *ep.* Isidori, *m.* Petri, *m.* Pauli, *m.* Cassii. *m.* Victorini, *m.* Maximi, *m.* Stæ Dympnæ, *v. m.* Dyonisiæ, *m.*

16. S. Peregrini, *ep.* Honorati, *ep.* Possidii, *ep.* Ubaldi, *ep.* Joannis Nepom. Aquilini, *m.* Victoriani, *m.* Brandani, *ab.* Stæ Maximæ, *vir.*

17 S. Brunonis, *ep.* Heradii, *m.* Pauli, *m.* Aquilini, *m.* Adrionis, *m.* Victoris, *m.* Torpetis, *m.* Stæ Restitutæ, *v. m.* S Basillæ, *m.* Paschalis Baylon.
18. Felicis, *m.* Venantii, *m.* Erici, *reg* M. Theodoti, *m.* Stæ Julittæ, *v. m.* Alexandræ, *v. m.* Claudiæ, *v. m.* Fainæ, *v. m.* Euphrasiæ, *m.* S. Felicis, *ord. min. cap.*
19. S. Petri Cœlesti. Caloceri, *m.* Parthenii, *m.* Pudentis, *senat.* Stæ Cyriacæ. *v. m.* Pudentianæ, *v. m.* S. Yvonis, *presb. c.*
20. S. Austregesilii, *ep. c.* Anastasii, *ep.* Theodori, *ep.* Baudelii, *m.* Alexandri, *m.* Stæ Basillæ, *v. m.* Aquillæ, *m.* S. Bernadini, *sen.* Stæ Plautillæ, *vid.*
21. S. Timothei, *diac. m.* Polii, *id.* Eutychii, *id.* Secundini. *m.* Synesii, *m.* Theopompi, *m.* Hospitii, *c.*
22. S. Marciani, *ep.* Faustini, *m.* Timothei, *m.* Venusti, *m,* Stæ Juliæ, *v. m.* Quiteriæ, *id.* S. Romani, *abb.* Fulci, *c* Stæ Helenæ *v.* B. Ritæ *a cassiæ.*
23. S. Desiderii, *ep. m.* Epitacii, *ep. m.* Desiderii, *ep. m.* Michaëlis, *ep.* Basilei, *m.* Quinctiani, *m.* Lucii, *m.* Juliani, *m.* Eutychii, *mon.* Cryspi, *capuc.*
24. S. Vincentii, *m.* Donatiani, *m.* Servilii, *m.* Felicis, *m.* Silvani, *m.* Dioclis, *m.* Robustiani, *m.* Stæ Susannæ, *m.* Marcianæ, *m.* Palladiæ, *m.* Afræ, *m.* S. Vincentii, *p.*
25. S. Urbani I, *pp. m.* Bonifacii IV *pp.* Gregorii VII, *pp.* Dionysii, *ep.* Zenobii, *ep.* Stæ Mariæ Jacobi. Mar. Mag. de Pazzi.
26. S. Eleutherii, *pp. m.* Zachariæ, *ep. m.* Augustini, *ep. c.* Simitrii, *p. m.* Quadrati, *m.* Felicissimi, *m.* Heraclii, *m.* Paulini, *m.* Philippi Neroei.
27. S. Joannis I, *pp. m.* Eutropii, *ep.* Julii, *m.* Ranulphi, *m.* Stæ Restitutæ, *v. m.*

28. S. Germani, *ep.* Senatoris, *ep.* Justi, *ep.* Podii, *ep.* Æmilii, *m.* Felicis, *m.* Priami, *m.* Luciani. *m.* Carauni, *m.* Helconidis, *m.* Crescentis, *m.* Dioscoridis, *m.* Pauli, *m.* Helladii, *m.*
29. S. Maximi, *ep.* Stæ Restitutæ, *m.* Theodoriæ, *m.* S. Eleatherii, *c.*
30. S. Felicis, *pp. m.* Exuperantii, *ep.* Athanasii, *ep.* Ferdinandi Rege. Gabini, *m.*
31. S. Lupicini, *ep. m.* Crescentiani, *m.* Cantii, *m.* Cantiani, *m.* Stæ Hermiæ, *m.* Cantianillæ, *m.* S. Paschasii, *diac.* Stæ Petronillæ, *virg.* Stæ Angelæ à Mericæ.

JUNIUS (Juin.)

1. S. Reveriani, *ep. m.* Pamphili, *p. m.* Pauli, *diac. m.* Thespesii, *m.* Firmi, *m.* Juventii, *m.* Felini, *m.* Gratiniani, *m.* Proculi, *m.* Secundi, *m.* Crescentiani. *m.* Fortunati, *m.* Caprasii, *abb.* Simeonis, *mon.*
2. S. Eugenii, *pp.* Erasmi, *ep. m.* Marcellini, *p. m.* Petri Exorc. *m.* Stæ Blandinæ, *m.*
3. S. Liphardi, *p. c.* Pergentini, *m.* Laurentiani, *m.* Stæ Paulæ, *v. m.* S. Davini, *c.* Stæ Clotildis, *reg.* Olivæ, *v.*
4. S. Clatei, *ev. m.* Alexandri, *ep.* Optati, *ep.* Daciani, *m.* Aretii, *m.* Rutili, *m.* Quirini, *m.* Stæ Saturninæ, *v. m.*
5. S. Bonifacii, *ep. m.* Marciani, *m.* Nicanoris, *m.* Apollonii, *m.* Florentii, *m.* Juliani, *m.* Cyriaci, *m.* Marcellini, *m.* Faustini, *m.*
6. S. Alexandri, *ep. m.* Eustorgii, *ep. c.* Joannis, *ep.* Claudii, *ep.* Norberti, *ep.* Artemii. *m.* Stæ Candidæ, *m.* Paulinæ, *m.* S. Amantii, *m.* Alexandri, *m.*

7. S. Pauli, *ep.* Lycarionis, *m.* Walabonsi, *mon.* Jeremiæ, *mon.* Roberti, *abb.* Petri, *mon.*
8. S. Medardi, *ep.* Heraclii, *ep.* Clodulphi, *ep.* Severini, *ep.* Stæ Calliopæ, *m.* S. Salustiani, *c.*
9. S. Columbi, *ep. c.* Richardi, *ep.* Vincenti, *lev. m.* Primi, *m.* Feliciani, *m.* Pelagiæ, *v. m.*
10. S. Timothei, *ep. m.* Centurii, *ep. m.* Crispuli, *m.* Restituti, *m.* Getulii, *m.* Cerealis, *m.* Amantii, *m.* Primitivi, *m.* Basilidis, *m.* Tripodis, *m.* Mandalis, *m.* Zachariæ, *m.* Mauri, *abb. m.* Stæ Margaritæ, *reg.*
11. S. Barnaba, *ap.* Felicis, *m.* Fortunati, *m.* Parisii, *c.*
12. S. Leonis III, *pp. c.* Cyrini, *m.* Naboris, *m.* Nazarii, *m.* Stæ Antoninæ, *m.* Basilidis, *m.* S. Onuphrii, *anach.* Joannis a sanc. fac.
13. S. Peregrini, *ep. m.* Fortunati, *m.* Luciani, *m.* Stæ Aquilinæ, *v. m.* Feliculæ, *v. m.* S. Antonii Patavii.
14. S. Basilii, *ep.* Marciani, *ep. m.* Methodii, *ep.* Valerii, *m.* Rufini, *m.* Anastasii, *p. m.* Felicis, *mon. m.* Stæ Dignæ, *v. m.*
15. S. Viti, *m.* Modesti, *m.* Crescentiæ, *m.* Benildis, *m.* Dulæ, *m.* Abrahæ, *c.* Bernardi, *c.*
16. S. Aureliani, *ep.* Bennonis. *ep.* Ferreoli, *p. m.* Ferrutionis, *d. m.* Quirici, *m.* Stæ Julittæ, *m.* S. Aurei, *m.* Stæ Justinæ, *m.* Lutgardis, *v.*
17. S. Himerii, *ep.* Gundulphi, *ep.* Montani, *mil. m.* Nicandri, *m.* Marciani, *m.* Innocentii, *m.* Felicis, *m.* Rainerii, *c.*
18. S. Amandi, *ep. c.* Marcelliani, *m.* Marii, *m.* Cyriaci, *m.* Leontii, *mil. m.* Stæ Paulæ, *v. m.* Marinæ, *v. m.* Calogeri, *er.* Stæ Elisabeth, *v.*
19. S. Gaudentii, *ep.* Gervasii, *m.* Protasii, *m.* Ursicini, *m.*

Zozimi, *m.* Culmatii, *diac, m.* Bonifacii, *m.* Romualdi, *anac.*

20. S. Silverii, *pp. m.* Pauli, *m.* Cyriaci, *m.* Novati, *c.* Florentiæ, *v.*
21. S. Urcisceni. *ep. c.* Apollinaris, *m.* Cyriaci, *m.* Rufini. Martiæ, *m.* Stæ Demetriæ, *v. m.* S. Aloysii Gonzag. *c.*
22. S. Paulini, *ep. c.* Joannis, *ep.* Albani. *m.* Stæ Consortiæ, *v. m.*
23. S. Johannis. *pr. m.* Felicis, *id.* Agrippinæ, *v. m.* Zenonis, *m.*
24. S. Joannis Bapt. Simplicii, *ep.* Fausti, *m.* Joannis Theresti.
25. S. Antidii, *ep. m.* Prosperi, *ep.* Maximi, *ep. c.* Gallicani, *m.* Stæ Luciæ. *v. m.* Febroniæ. *id.* Alberti, *c.* Gulielmi, *c.*
26. S. Virgilii, *ep. m.* Salvii, *id.* Pelagii, *m.* Superii, *m.* Joannis, *m.* Pauli, *m.* Stæ Perseverandæ, *v.*
27. S. S. Crescentis, *m.* Zoili, *m.* Joannis, *p. c.* Ladislai, *reg.*
28. S. Leonis II, *pp.* Pauli, *pp. c.* Irenæi, *ep. m.* Benigni, *ep. m.* Sereni, *m.* Papii, *m.*
29. S. Petri, *ap.* Pauli, *ap.* Cyrii, *ep.* Cassii, *pp.* Marcelli, *m.* Anastasii, *m.* Stæ Benedictæ, *v.*
30. S. Martialis, *ep.* Basilidis, *m.* Stæ Lucinæ. Æmilianæ, *m.* Ostiani, *pres. c.*

JULIUS (Juillet.)

1. S. Rumoldi, *ep. m.* Martini, *ep.* Galli. *ep.* Julii, *m.* Domitiani, *abb,* Theodori, *pres.* Simeonis, *c.*
2. S. Othonis, *cp.* Processi, *m.* Martiniani, *m.* Aristonis, *m.* Crescentiani, *m.* Eutychiani, *m.* Urbani, *m.* Vitalis,

m. Justi, *m.* Felicissimi, *m.* Felicis, *m.* Stæ Marciæ. *m.* Stæ Symphrosæ, *m.* Monegundis, *rel. fem.*

3. S. Dati, *ep. c.* Triphonis, *m.* Eulogii, *m.* Hyacinthi, *m.* Irenæi, *m. diac.* Marci, *m.* Muciani, *m.* Mustiolæ, *mat. m.*

4. S. Lauriani, *ep. m.* Flaviani, *ep.* Uldarici, *ep.* Martini, *ep.* Innocentii, *m.* Sebastiæ, *m.*

5. S. Numeriani, *ep.* Athanasii, *d. m.* Agathonis, *m.* Domitii, *m.* Stæ Zoæ, *m.* Cyrillæ, *m.* Philomenæ, *m.*

6. S. Romuli, *ep. m.* Tranquillini, *ep. m.* Stæ Dominicæ, *v. m.* Luciæ, *m.*

7. S. Apollonii, *ep.* Adonis, *ep.* Claudii, *m.* Victorini, *m.* Pompei, *m.* Luciani, *m.* Germani, *m.* Edilburgæ, *reg.*

8. S. Chiliani, *ep. m.* Auspicii, *ep. c.* SS. 50 Militum, *m.* Procopii, *m.* S. Elisabeth *vid reg.*

9. S. Cyrilli, *ep. m.* SS. Zenonis et Soc., *m. m.* Stæ Anatoliæ, *v. m.* S. Audacis, *m.* B. Veronicæ Juliani.

10. S. Januarii. *m.* Felicis, *m.* Philippi, *m.* Silvani, *m.* Alexandri, *m.* Vitalis, *m.* Martialis, *m.* Leontii, *m.* Mauritii, *m.* Danielis, *m.* Apollonii, *m.* Stæ Rufinæ, *v. m.* Secundæ, *v. m.* S. Hieronimi Æmil. Stæ Amelbergæ *v.*

11. S. Pii, *pp. m.* Joannis, *ep.* Abundii *pres. m.* Januarii, *m.* Cypriani, *m.* Savini, *m.* Marciani, *m.* Stæ Pelagiæ, *m.* S. Sabini, *c.*

12. S. Paulini. *ep. m.* Hermagoræ, *ep. m.* Paterniani, *ep.* Procli, *m.* Hilarionis, *m.* Felicis, *m.* Naboris, *m.* Stæ Marcianæ, *v. m.* S. Joannis Gualb. *ab.*

13. S. Anacleti, *pp. m.* Turiani, *ep. c.* Myropis, *m.*

14. S. Bonaventuræ, *card.* Optatiani, *ep.* Felicis, *ep.* Cyri, *ep.* Justi Miles, *m.* Phocæ, *m.* Marcellini, *p.*

15. S. Felicis, *ep. m.* Anastasii, *ep.* Philippi, et socii, *m. m.* Antiochi, *med. m.* Cyriaci, *m.* Camilli de Lellis. Stæ Zo-

zimæ, *m.* Bonosæ, *v. m.* Eutropii, *m.* Henrici, *imp.* Stæ Rosaliæ, *virg.*

16. S. Athenogenis, *ep. m.* Valentini, *ep. m.* Vitaliani, *ep.* Fausti, *m.* Stæ Raineldis, *virg. m.*

17. S. Leonis, IV, *pp.* Hyacinthi, *m.* Generosi, *m.* SS. XII Scillitanorum, *m. m.* Alexii, *c.* Stæ Marcellinæ, *virg.*

18. S. Materni, *ep.* Brunonis, *ep. c.* Frederici, *ep. m.* Arnulphi, *ep.* Stactei, *m.* Eugenii, *m.* Nemesii, *m.* Juliani, *m.* Crescentis, *m.* Primitivi, *m.* Justini, *m.* Stæ Marinæ, *v. m.* Gundenis, *v. m.* Symphorosæ, *m.*

19. S. Symmachi, *pp.* Epaphræ, *ep. m.* Martini, *ep. m.* Felicis, *ep.* Vincentii a Paulo. Stæ Justæ, *v. m.* Rufinæ, *v. m.* Auræ, *vir.* Macrinæ, *vir.*

20. S. Sabini, *m.* Juliani, *m.* Maximi, *m.* Stæ Margaritæ, *v. m.* S. Vulmari, *abb.* Stæ Severæ, *v.*

21. S. Zotici, *ep. m.* Victoris, *mil m.* Joannis, *mon.* Stæ Juliæ, *v. m.* Praxedis, *v.*

22. Cyrilli, *ep.* Stæ Mariæ Magdalenæ. S. Platonis, *m.* Theophili, *m.* Menelai, *abb.*

23. S. Apollinaris, *ep.* Liberii, *ep. c.* Rasiphi, *m.* Apollonii, *m.* Eugenii, *m.* Trophimi, *m.* Theophili, *m.* Stæ Herundinis, *m.* Stæ Redemptæ, *m.* Romulæ, *m.* Primitivæ, *v. m.*

24. S. Ursicini, *ep.* Vincentii, *m.* Victoris, *m.* SS. Martyrum œmiter. Stæ Christinæ, *v. m.* Nicetæ, *m.* Aquilinæ, *m.*

25. S. Jacobi *maj. ap.* Christophori, *m.* Cucuphatis, *m.* Pauli, *m.* Stæ Valentinæ, *v. m.*

26. S. Annæ, *mat. b. v. m.* Erasti, *ep. m.* Valentini, *ep.* Symphronii, *m.* Olympii, *m.* Theoduli, *m.* Hyacinthi, *m.* Exuperiæ, *m.* Hermolai, *pr. m.* Simeonis, *mon.*

27. S. Mauri, *abb.* Pantaleonis, *med.* Felicis, *m.* Sergii, *m.*

Georgii, *diac. m.* Felicis, *m.* Aurelii, *m.* Stæ Nataliæ, *m.* Liliosæ, *m.* Jucundæ, *m.* Juliæ, *m.* S. Hugonis. *c.*

28. S. Victoris, *pp. m.* Innocentii, *pp.* Sampsonis, *ep.* Nazarii, *m.* Celsi, *m.* Acatii, *m.* Peregrini, *pres.*

29. S. Felicis II. *pp. m.* Lupi, *ep. c.* Guglielmi, *ep. c.* Simplicii, *m.* Faustini, *m.* Beatricis, *v. m.* Eugenii, *m.* Antonini, *m.* Theodori, *m.* Stæ Lucillæ, *v. m.* Floræ, *v. m.* Marthæ, *v.*

30. S. Ursi, *ep.* Abdon, *m.* Sennen, *m.* Rufini, *m.* Stæ Secundæ, *v. m.* Julittæ, *m.*

31. S. Calimerii, *ep. m.* Germani, *ep.* Fabii, *m.* Ignatii Loyolæ. Joannis Columbini.

AUGUSTUS (Août.)

1. S. Veri, *ep.* SS. 7 Fratrum Mach. Boni, *p. m.* Fausti, *m.* Mauri, *m.* Cyrilli, *m.* Domitiani, *m.* Felicis, *m.* Justini, *m.* Stæ Fidei, *v. m.* Spei, *v. m.* Charitatis, *v. m.*

2. S. Stephani, *pp. m.* Maximi, *ep.* Alphonsi de Liguori.

3. S. Petri, *ep.* Aspren, *ep.* Hermelii, *m.*

4. S. Agabii, *ep.* Tertullini, *p.* Eleutherii, *m.* Protasii, *m.* Dominici, *c.* Stæ Perpetuæ, *virg.*

5. S. Emygdii, *ep. m.* Memmii, *ep.* Cassiani, *ep.* Cantidiani, *m.* Cantidii, *m.* Oswaldi, *reg.* Stæ Nonnæ.

6. S. Xisti II, *pp. m.* Hormisdæ, *pp. c.* Felicissimi, *d. m.* Agapeti, *d. m.* Januarii, *subd. m.* Magni, *id.* Vincentii, *id.* Stephani, *id.* Justi, *m.* Pastoris, *m.* Jacobi, *erem.*

7. S. Donati, *ep. m.* Donatiani, *ep.* SS. Petri et Socii, *m. m.* Faustini, *mil. m.* Cajetani Thiennæ. Alberti, *c.*

8. SS. Cyriaci et Socii, *m.* Marini, *m.* Eleutherii, *m.* Leonidis, *m.* Severi, *pres. c.*

9. S. Domitiani, *ep.* Romani, *mil. m.* Secundiani, *m.* Marcelliani, *m.* Veriani, *m.* Firmi, *m.* Rustici, *m.* Juliani, *m.*
10. S. Laurentii, *arch. m.* Stæ Asteriæ, *v. m.* S. Deus dedit, *c.* Stæ Philomenæ, *v. m.*
11. S. Alexandri, *ep. m.* Taurini, *ep. c.* Gaugerici, *ep. c.* Tiburtii, *m.* Stæ Susannæ. *v. m.* Dignæ, *v.*
12. S. Eusebii, *ep. c.* Herculani, *ep.* Euplii, *diac. m.* Crescentiani, *m.* Stæ Felicissimæ, *v. m.* Julianæ, *m.* Claræ, V. *ord. min.*
13. Sti Hyppoliti et Socii, *mm.* Cassiani, *m.* Stæ Centollæ, *m* . Helenæ, *m.* Radegundis, *reg.*
14. S. Callixti, *ep. m.* Eusebii, *pres. m.* Ursicii, *m.* Stæ Athanasiæ, *vid.*
15. S. Alipii, *ep.* Arnulphii, *ep.* Ex velo Bæ Virginis Mariæ. S. Tharsicii, *acol. m.*
16. S. Simpliciani, *ep.* Eleutherii, *ep.* Titi, *d. m.* Diomedis, *med. m.* Hyacinthi, *ord. præ.* Rochi, *c.*
17. S. Anastasii, *ep.* Mamantis, *m.* Stratonis, *m.* Rogati, *m.* Philippi, *m.* Eutichiani, *m.*
18. S. Agapiti, *m.* Hermæ, *m.* Serapionis, *m.* Polyæni, *m.* Leonis, *m.* Joannis, *p.* Stæ Helenæ, *imp.* B. Claræ, à M. Falc.
19. S. Magni, *ep. m.* Ludovici, *ep.* Julii, sen. *m.* Timothei, *m.* Rufini, *c.* Mariani, *c.*
20. S. Severi, *m.* Leovigildi, *mon. m.* Cristophori, *mon.* Bernardi, *abb.* Philiberti, *abb.* Porphyrii, *c.*
21. S. Quadrati, *ep.* Anastasii, *m.* Luxorii, *m.* Ciselli, *m.* Camerini, *m.* Bonosi, *m.* Maximiani, *m.* Stæ Cyriacæ, *vid. m.* S. Bernardi-Ptolom. Stæ Joa. Franc. de Chantal.
22. S. Hippoliti, *ep. m.* Athanasii, *ep.* Timothei. *m.* SS. Mauri et Soc., *m.* Guniforti. *m.* Symphoriani, *m.* Anto-

nini, *m.* Martialis, *m.* Saturnini, *m.* Epicteti, *m.* Maprilis, *m.* Felicis, *m.*

23. S. Sidonii, *ep.* Quiriaci, *ep. m.* Zachæi, *ep.* Flaviani, *ep.* Valeriani, *m.* Timothei. *m.* Apollinaris, *m.* Minervi, *m.* Eleazari, *m.* Restituti, *m.* Donati, *m.* Fructuosæ, *m.* Philippi Beniti.

24. S. Ptolomæi, *ep. m.* Romani, *ep. m.* Symphoriani, *m.* Eutychii, *m.* Stæ Aureæ, *v. m.* Patritii, *abb.*

25. S. Bartholomæi, *ep.* Mennæ, *ep.* Gregorii, *ep.* Juliani, *m.* Eusebii, *m.* Pontiani, *m.* Vincentii, *m.* Peregrini, *m.* Genesii, *m.* Ludovici Franc. Reg. Stæ Patritiæ, *virg.*

26. S. Zephyrini. *pp. m.* Rufini, *ep.* Alexandri, *m.* Simplicii, *m.* Adriani, *m.* Victoris, *m.* Irenæi, *m.* Abundii, *m.* Secundi, *m.* Stæ Rosæ de Lima, *v.*

27. S. Rufi, *ep. m.* Narni, *ep.* Joannis, *ep.* Marcellini, *m.* Manneæ, *m.* Stæ Euthaliæ, *v. m.* Margaritæ, *vid.* S. Joseph Casalanz, *c.*

28. S. Augustini, *ep. doct.* Viviani, *ep.* Hermetis, *m.* Pelagii, *m.* Fortunati, *m.* Juliani, *m.* Moysis, *anach.*

29. S. Adelphi, *ep.* Sabinæ. *m.* Pauli, *m.* Stæ Candidæ, *v. m.* S. Euthymii, *c.* Stæ Sabinæ, *v.*

30. S. Felicis, *pres. m.* Stæ Gaudentiæ, *v. m.* S. Pammachii, *p.* Petri, *c.* Bononii, *abb.*

31. S. Raymundi, *noun.* Paulini, *ep. m.* Optati, *ep. c.* Amati, *ep.* Robustiani, *m.* Marci, *m.* Cæsidii, *m.* Theodoti, *m.* Rufinæ, *m.*

SEPTEMBRIS (Septembre).

1. S. Xisti. *ep. m.* Terentiani, *ep.* Constantii, *ep.* Ammonis, *ep.* Vincentii, *m.* Læti, *m.* Reguli, *m.* Prisci, *m.* Ægidii, *abb.* Stæ Veronæ, *vir.*

2. S. Justi, *ep.* Elpidii, *ep. m.* Stæ Maximæ, *m.* S. Antonini, *m.* Diomedis, *m.* Eutychiani, *m.* Leonidis, *m.* Zenonis, *m.* Concordii, *m.* Theodori, *m.* Stephani, *reg. h.* Nonnonis, *abb.*

3. S. Auxani, *ep.* Mansueti, *ep. c.* Aristæi, *ep.* Stæ Serapiæ, *v. m.* Euphemiæ, *v. m.* Dorotheæ, *v. m.* Theclæ, *v, m.* Erasmæ, *v. m.* Basilissæ, *v. m.* S. Simeonis, Stylit. Andreæ Dotti.

4. S. Marcelli, *ep. m.* Theodori. *m.* Marcelli, *m.* Magni, *m.* Casti, *m.* Maximi, *m.* Marini, *d.* Stæ Rosæ *v, viterb.* Rosaliæ, *vir.* Candidæ.

5. S. Victorini, *ep. m.* SS. Eudoxii et Soc. *mm.* SS. Urbani et Soc, *mm.* S. Herculani, *m.* Romuli, *m.* Bertini, *abb.* Laurentii Justiniani. Stæ Obduliæ, *v.*

6. S. Petronii, *ep. c.* Fausti, *presb. m.* Macarii, *m.* Donatiani, *m.* Mansueti, *m.* Eleutherii, *abb.*

7. S. Augustalis, *ep.* Pamphili, *ep.* Joannis, *m.* Anastasii, *m.* Clodoaldi, *p. c.* Stæ Reginæ, *v. m.*

8. S. Adriani, *m.* Ammonis, *m.* Timothæi, *m.* Fausti, *m.* Eusebii, *m.* Nestabi, *m.* Zenonis, *m.* Thomæ à Villanova.

9. S. Sergii, *pp. c.* Dorothei, *m.* Gorgonii, *m.* Hyacinthi, *m.* Alexandri, *m.* Tiburtii, *m.* Severiani, *m.* Stratonis, *m.* Rufini, *m.* Rufiniani. *m.*

10. S. Hilari, *pp. c.* Felicis, *ep. m.* Polyani, *ep. m.* Salvii, *ep.* Agapii, *ep.* Apellii, *m.* Lucæ, *m.* Clementis, *m.* Nicolai à Tolent. Stæ Pulcheriæ, *v.*

11. Patientis, *ep.* Æmiliani, *ep.* Proti, *m.* Hyacinthi, *m.* Diodori, *m.* Vincentii, *abb. m.*

12. S. Antonomi, *ep. m.* Juventii, *ep.* Sylvini, *ep.* Macedoni, *m.* Theoduli, *m.* Tatiani, *m.* Stratonis, *m.* Valeriani, *m.* Guidonis, *m.*

13. S. Eulogii, *ep.* Amati, *ep.* Philippi, *m.* Amati, *p.*
14. S. Cornelii, *pp. m.* Cypriani, *ep. m.* Materni, *ep.* Crescentii, *m.*
15. Apri, *ep.* Albini, *ep.* Nicomedis, *p.* Valeriani, *m.* Maximi, *m.* Stæ Eutropiæ, *vid.*
16. Cornelii, *pp. m.* Cypriani, *pp. m.* Abundii, *p. m.* Abundantii, *d. m.* Ascanii, *m.* Geminiani, *m.* Stæ Euphemiæ, *v. m.* Luciæ, *m.* Sebastianæ, *m.* Edithæ, *v. reg.*
17. S. Justini, *p. m.* Narcissi, *m.* Crescentionis, *m.* Socratis, *m.* Stephani, *m.* Valeriani, *m.* Macrini, *m.* Stæ Colombæ, *v. et m.* S. Satyri, *c.* Stæ Theodoræ, *m.*
18. S. Ferreoli, *m.* Stæ Irenæ, *v. et m.*
19. S. Josephi-Cupertin. Stæ Sophiæ, *m.* S. Januarii, *ep. m.* Theodori, *ep.* Felicis *m.* Trophimi, *m.* Sabbatii, *m.* Stæ Pomposæ, *v. et m.* Constantiæ, *m.*
20. S. Agapiti, *pp. c.* Clicerii, *ep. c.* Eustachii, *m.* Theopistis, *m.* Dyonisii, *m.* Privati, *m.* Prisci, *m.* Theodori, *m.* Philippæ, *m.* Stæ Candidæ, *v. et m.* Faustæ, *v. et m.*
21. S. Mathæi, *ap. et ep.* Alexandri, *ep. m.* Meletii, *ep.* Sanctini, *ep.* Eusebii, *m.* Pamphili, *m.* Sylvani, *c.*
22 S. S. Mauricii et Soc, *m. m.* Jonæ, *pres. m.* Stæ Dignæ, *v. et m.* S. Emeritæ, *v. et m.*
23. S. Lini, *pp. m.* Paterni, *ep. m.* Petri, *m.* Joannis, *m.* Andreæ, *m.* Antonii, *m.* Stæ Theclæ, *v. et m.* S. Constantii, *c.* Stæ Polyxenæ, *v.* Xantippæ, *vid.*
24. S. Gerardi, *ep. m.* Rustici. *ep. c.* Felicis, *m.*
25. S. Firmini, *ep. m.* Anathalonis, *ep.* Solemnii, *ep.* Pauli, *m.* Herculani, *m.* Stæ Aureliæ, *v.* Neomisiæ, *v.* B. Christophori, *m.*
26. S. Eusebii, *pp.* Virgilii, *ep.* Cypriani, *m.* Stæ Justinæ, *v. et m.* S. Amantii, *p.* Nili, *abb.*

27. S. Aderiti, *ep. c.* Caïi, *ep.* Damiani, *m.* Epicharidis, *m.* Fidentii, *m.* Florentini, *m.* Terentii, *m.* Cosmæ, *m.* Stæ Hildrudis, *virg.*
28. S. Exuperii, *ep.* Salomonis, *ep.* Wenceslai Duc, *m.* Stactei, *m.* Zosimi, *m.* Martialis, *m.* Alexandri, *m.* Privati, *m.* Stæ Eustochii, *v.* B. Simonis.
29. S. Fraterni, *ep.* Eutichii, *m.* Grimoaldi, *p. c.* Quiracii, *anach.*
30. S. Hieronymi, *doct.* Gregorii, *ep. m.* Honorii, *ep.* Leopardi, *m.* Victoris, *m.* Ursi, *m.* Antonini, *m.* Stæ Sophiæ *vid.*

OCTOBER (Octobre.)

1. S. Remigii, *ep. c.* S. S. Aretæ et Soc, *mm.* Prici, *m.* Verissimi, *m.* Maximi, *m.* Severi, *pres.*
2. S. Thomæ, *ep.* Primi, *m.* Eleutherii, *mil. m.* Gerini, *m.* Juliæ, *m.*
3. S. Candidi, *m.* Dyonisii, *m.* Fausti, *m.* Hesychii, *c.*
4. S. Petri, *ep. m.* Petronii, *ep. c.* Francisci, Asis. Crispi, *m.* Stæ Auræ, *v.*
5. Froilani, *ep.* Marcellini, *ep.* Apollinaris, *ep.* Palmati, *m.* Placidi et Soc, *m. m.* Stæ Gallæ, *vid.*
6. S. Magni, *ep.* Saturnini, *m.* Marcelli, *m.* Casti, *m.* Æmilii, *m.* Brunonis *c.* Stæ Fidæi, *v.* et *m.*
7. S. Marci, *pp. c.* Apuleïi, *m.* Sergii, *m.* Bacchi, *m.* Marcelli, *m.* Helani, *p.* Stæ Justinæ *v.*
8. S. Palatiatis, *m.* Stæ Laurentiæ, *m.* Benedictæ, *v.* et *m.* Demetrii, *m.* Petri, *m.* Stæ Reparatæ, *virg.* Brigittæ, *vid.*
9. Dyonisii Areo, *ep. m.* Deusdedit, *abb.* Rustici *ere, m.* Eleutherii, *diac.* Domnini *m.* Andronici, *m.* Ludovici Bert.

10. S. Paulini, *ep.* Cerbonii, *ep.* Cerbonii, *ep. ver.* Paulini, *eb.* Gereonis, *m.* Victoris, *m.* Florentii, *m.* Francisci Borg.
11. S. Germani, *ep.* Gummari, *ep.* Tharaci, *m.* Probi, *m.* Andronici, *m.* Anastasii, *p.* Placidi, *m.* Stæ Placidiæ, *v.* S. Leopardini, *m.*
12. S. Maximiliani. Monæ, *ep.* Salvini, *ep.* Evagrii, *m.* Prisciani, *m.* Edistii, *m.* Seraphini, *cap.*
13. S. Theophili, *ep.* Leonis, *m.* Danielis, *m.* Colmauni, *m.* Martialis, *m.* Januarii, *m.* Fausti, *m.* Eduardi, *reg.* Stæ Chelidoniæ, *v.*
14. S. Callistæ, *pp. m.* Gaudentii, *ep. m.* Fortunati, *ep.* Lupi, *m.* Saturnini, *m.* Carponii, *m.* Stæ Fortunatæ, *v. m.* S. Bernardi, *c.*
15. S. Severi, *ep.* Brunonis, *ep. m.* Agilei, *m.* Fortunati, *m.* Stæ Teresiæ, *v.*
16. S. Ambrosii, *ep.* Florentii, *ep.* Martiniani, *m.* Saturiani, *m.* Saturnini, *m.* Nerei, *m.* Galli, *abb.*
17. S. Victoris, *ep.* Florentini, *ep.* Mariani, *m.* Alexandri, *m.* Victoris, *m.* Stæ Heduvigis, *vid.* B. Marg.-Mar. Alacoque.
18. S. Lucæ, *ev.* Asclepiadis, *ep. m.* Justi, *m.*
19. S. Verani, *ep.* Ptolomæi, *m.* Lucii, *m.* Petri de Alcant. Stæ Pelagiæ, *v. m.*
20. S. Feliciani, *ep. m.* Maximi Lev. *m.* Georgii, *diac. m.* Aurelii, *m.* Caprasii, *m.* Stæ Saulæ, *v.* et *m.* Marthæ, *v.* et *m.* S. Joannis Cantii. Sindulphi, *c.*
21. S. Astorii, *pres.* et *m.* S. Ursulæ et Soc. *v. m.* S. Hilarionis, *abb.*
22. S. Marci, *ep. m.* Philippi, *ep. m.* Melanii, *ep.* Donati, *ep.* Severini, *pres. m.* Eusebii, *m.* Hermetis, *m.* Stæ Cordulæ, *v.* et *m.* Mariæ Salomæ.

23. S. Petri, *ep. m.* Romani, *ep.* Veri, *ep.* Theodori, *p. m.* Servandi, *m.* Germani, *m.* Domitii, *p.* Joannis de Cap.
24. S. Felicis, *ep. m.* Evergisti, *ep. m.* Procli, *ep.* Martini, *abb.* Fortunati, *m.*
25. S. Bonifiacii, *pp. m.* Frontonis, *ep.* Gaudentii, *ep.* Chrysanti, *m.* Daviæ, *m.* Crispini, *m.* Crispiniani, *m.* Miniatis, *mil. m.* Proti, *m.* Januarii, *d.*
26. S. Evaristi, *pp. m.* Gaudiosi, *ep.* Fulci, *ep.* Felicissimi, *m.* Luciani, *m.* Florii, *m.* Quadragesimi, *s. diac.*
27. S. Vincentii, *m.* Sabinæ, *m.* Christetæ, *m.* Florentii, *m.*
28 S. Simonis, *ap.* Thaddæi, *ap.* Cyrilli, *m.* Fidelis, *m.* Honorati, *ep.* Stæ Cyrillæ, *v.* et *m.* Anastasiæ, *v.* et *m.*
29. S. Hyacinthi, *m.* Quincti, *m.* Feliciani, *m.* Zenobii, *pres. m.* Maximiliani, *m.* Stæ Eusebiæ, *v.* et *m.* S. Theodori, *abb.*
30. S. Germani, *ep.* Lucani, *m.* Marcelli Cent, *m.* SS. Juliani et Soc. *m.* Eutropiæ, *m.* S. Saturnini, *m.* Claudii, *m.* Victorii, *m.*
31. S. Antonini, *ep. c.* SS. Nemesii et Soc, *m.* Nemesii, *diac. m.* Quintiani, *m.* Urbani, *m.* Stæ Lucillæ, *v. m.*

NOVEMBER (Novembre.)

1. S. Cœsarii, *diac. m.* Benigni, *pres. m.* Juliani, *m.* Stæ Mariæ, *m.* Severini, *mon.*
2. S. Victorini, *ep. m.* Georgii, *m.* Victoris, *m.* Papiæ, *m.* Justi, *m.* Eustachii, *m.* Ambrosii, *abb.*
3. S. Domni, *ep.* Malachiæ, *ep.* Germani, *m.* Theophili, *m.* Cœsarii, *m.* Vitalis, *m.* Valentini, *pres. m.* Hilarii, *diac. m.* Stæ Wenefridæ, *v. m.* Sylviæ, *v. m.*
4. S. Caroli Boromœi, *card.* Amantii, *ep.* Vitalis, *m.* Agri-

colæ, *m.* Proculi, *m.* Porphyrii, *m.* Pierii, *p. al.* Americi, *c.* Stæ Modestæ, *v.*

5. S. Zacharia *p. et proph.* Stæ Elisabeth, *mat. Præc.* Sti Magni, *ep.* Dominatoris, *ep.* Felicis, *pres. m.* Silvani, *m.* Eusebii, *mon. m.* Læti, *pres. c.*

6. S. Severi, *ep. m.* Felicis, *m.* Winoci, *m.* Felicis, *mon.* Leonardi, *c.*

7. S. Herculani, *ep. m.* Prosdocimi, *ep.* Rufi, *ep.* Amaranthi, *m.* Aucti, *m.*

9. S. Deus dedit, *pp.* Mauri, *ep. c.* Claudii et Soc, *mm.* Quatuor Coron, *m.*

9. S. Theodori, *m.* Alexandri, *m.* Stæ Eustoliæ, *v.* Sopatræ, *v.*

10. S. Probi, *ep.* Justi, *ep.* Florentiæ, *m.* Tryphonis, *m.* Modesti, *m.* Respicii, *m.* Stæ Nymphæ, *v. et m.* S. Andreæ Avelli.

11. S. Martini, *ep. m.* Mennæ, *ep.* Verani, *ep.* Valentini, *m.* Feliciani, *m.* Victorini, *m.* Bartholomæi *abb.*

12. S. Martini, *pp. m.* Rufi, *ep. Aven.* Cuniberti *ep.* Paterni, *m.* Nili, *abb.*

13. S. Didaci, *c.* Nicolai, *pp. c.* Quinctiani, *ep.* Britii, *ep.* Valentini, *m.* Solutoris, *m.* Victoris, *m.* Antonini, *m.* Stæ Ennathæ, *v. m.* S. Stanislai Kostchæ, Homoboni, *c.*

14. S. Jucundi, *ep.* Laurenti, *ep.* Clementini, *m.* Theodori, *m.* Philomeni, *m.* Serapionis, *m.* Venerandi. *m.* Stæ Venerandæ, *v. m.*

15. S. Eugenii, *ep. m.* Felicis, *ep. m.* Machuti, *ep.* Luperii, *ep.* Tridentini, *m.* Secundi, *m.* Varici, *m.* Leopoldi, *c.* B. Alberti Magni.

16. Eucherii, *ep.* Fidentii, *ep.* Edmundi, *ep.* Valerii, *m.* Elpidii, *m.* Marcelli, *m.* Marci, *m.* Rufini, *m.*

17. S. Gregorii Thaum. Aniani, *ep.* Gregorii, *ep.* Hugonis, *ep.* Dionysii, *ep.* Alphæi *m.* Zachei, *m.* Victoriæ, *m.* Eugenii, *c.* B. Gertrudis, *virg.*
18. S. Frigdiani, *ep. c.* Maximi, *ep.* Hesychii, *m.* Romani, *m.*
19. S. Pontiani, *pp. m.* Crispini, *ev. m.* Maximi, *p. m* Severini, *m.* Exuperii, *m.* Feliciani, *m.* Fausti, *d. m.* Stæ Elisabeth, *vid. reg.*
20. S. Simplicii, *ep.* Sylvestri, *ep.* Benigni, *ep.* Edmundis, *reg.* Octavii, *m.* Agapii, *m.* Eustachii, *m.* Ampeli, *m.* Felicis de Valois, *m.*
21. S. Gelasii, *pp. c.* Alberti, *ep.* Mauri, *ep.* Celsi, *ep.* Clementis, *m.* Demetrii *m.* Honorii, *m.* Honorii, *m.* Heliodori, *m.* Eutychii, *m.* Stephani, *m.* Columbani, *abb.*
22. S. Tiburtii, *m.* Valeriani, *m.* Mauri, *m.* Marci, *m.* Stephani, *m.* Stæ Ceciliæ *v. et m.*
23. S. Clementis, *pp. m.* Gregorii, *ep.* Stæ Felicitatis, *m.* Lucreciæ, *v. et m.*
24. S. Chrysogoni, *m.* Crescentiani, *m.* Alexandri, *m.* Felicissimi, *m.* Protasii, *m.* Stæ Firminæ, *v. m.* Floræ, *v. m.* Mariæ, *v. m.* S. Romani, *p.*
25. S. Moysis, *p.* Erasmi, *m.* Mercurii, *mil.* Stæ Catharinæ, *v. m.* Jucundæ, *v.*
26. S. Petri, *ep.* Bellini, *ep.* Conradi, *ep.* Niconis, *mon.* Leonardi Port Mauritii.
27. S. Basilei, *ep.* Valeriani, *ep.* Maximi, *ep.* Jacobi Interc, *m.* Facundi, *m.* Primitivi, *m.* Severini, *m.*
28. S. Gregorii, *pp. m.* Rufi, *m.* Stephani, *m.* Basili, *m.* Petri, *m.* Jacobi de March.
29. S. Saturnini, *ep.* Saturnini, *m.* Sisinii, *d.* Blasii, *m.* Demetrii, *m.*

30. S. Andreæ, *ap.* Castuli, *m.* Euprepitis, *m.* Stæ Mauræ, *v. m.* Justinæ, *m.* S. Constantii, *c.* Zosimi, *c.*

DÉCEMBER (Décembre.)

1. S. Proculi, *m. ep.* Castritiani, *ep.* Ursicini, *ep.* Eligii, *ep.* Diodori, *p. m.* Mariani, *d. m.* Lucii, *m.* Rogati, *m.* Cassiani, *m.* Candidæ, *m.* Ansani, *m.* Olympiadis, *m.*
2. S. Petri, *ep.* Nonni, *ep.* Victorini, *m.* Pontiani, *m.* Severi, *m.* Securi, *m.* Januarii, *m.* Eusebii, *p. m.* Marcelli *d. m.* Hippolyti, *m.* Maximi, *m.* Stæ Bibianæ, *v. m.* S. Paulinæ, *m.*
3. S. Birini, *ep.* Cassiani, *m.* Crispini, *m.* Julii, *m.* Claudii Trib. *m.* Stæ Hilariæ, *m.* S. Maginæ, *m.* Lucii, Brit. *reg.* Franc. Xavieri, *c.* Galgani, *er.*
4. S. Germani, *ep. c.* Annonis, *ep.* Felicis, *ep.* Stæ Barbaræ, *v. et m.*
5. S Bassi, *ep.* Dalmatii, *ep. m.* Nicetii, *ep.* Anastasii, *m.* Felicis, *m.* Julii, *m.* Sabbæ. *abb.*
6. S. Nicolai, *ep. Myr.* Æmiliani, *m.* Petri Paschasii, *m.*
7. S. Urbani, *ep.* Agathonis, *m.* Polycarpi, *m.* Servi, *m.* Martini, *abb.*
8. S. Eutychiani, *pp.* Sophronii, *ep.* Macarii, *m.*
9. S. Restituti, *ep. m.* Proculi, *ep.* Cyri, *ep.* SS. Petri et Soc, *m. m.* Stæ Valeriæ, *v. et m.* Leocadiæ, *v. et m.*
10. S. Melchiadis, *p. p.* Deus dedit, *ep.* Carpophori, *pr. m.* Abundii, *d. m.* S. Mercurii, *m.* Stæ Eulaliæ, *v. m.* Juliæ, *v. m.*
11. S. Damasii, *pp. c.* Sabini, *ep.* Pontiani, *m.* Pretextati, *m.* S. Eutychii, *m.* Thrasonis, *m.*
12. S. Synesii, *m.* Alexandri, *m.* Maxentii, *m.* Constantii, *m.*

Crescentii. *m.* Justini, *m.* Stæ Ammonariæ, *v. m.* B. Hieronymi.

13. S. Orestis, *m.* Mardarii, *m.* Auxentii, *m.* Eustratii, *m.* Eugenii, *m.* Stæ Luciæ, *v. m.*

14. S. Nicasii, *ep. m.* Spiridionis, *ep.* Viatoris, *ep. c.* Zozimi, *m.* Justi, *m.* Abundii, *m.* Stæ Eutropiæ, *v. m.* Agnelli, *abb.* Matroniani, *er.*

15. S. Irenæi, *m.* Antonii, *m.* Theodorii, *m.* Saturnini, *m.* Victoris, *m.* Faustini, *m.* S. Maximini, *c.*

16. S. Eusebii, *ep. m.* Adonis, *ep.* Valentini, *mil. m.* Stæ Albinæ, *v. m.*

17. S. Lazari, *ep.* Floriani, *m.* Joannis de Matha. Stæ Viviniæ, *virg.*

18. S. Gratiani, *ep.* Rufi, *m.* Zozimi, *m.* Basiliani, *m.* Quinctii, *m.* Victoris, *m.* Victorini. *m.*

19. S. Darii, *m* Nemesii, *m.* Zozimi, *m.* Pauli, *m.* Adjuti, *abb.* Stæ Faustæ, *vid.*

20. S. Dominici, *ep. c.* Liberati, *m.* Bajuli, *m.* Ammonis, *m.* Zenonis, *m.* Theophili, *m.* Julii, *m.*

21. S. Thomæ, *ep.* S. Severini, *ep.* Anastasii, *ep.* Joannis, *m.* Festi, *m.* Themistoclis, *m.*

22. S. Demetrii, *m.* Honorati, *m.* Flori, *m.* Ischirionis, *m.* Zenonis, *mil. m.*

23. S. Saturnini, *m.* Gelasii, *m.* Stæ Victoriæ *v. m.* S. Servuli, *conf.*

24. Gregorii, *pres. m.* Luciani, *m.* Metrobii, *m.* Drusi, *m.* Stæ Tharsillæ, *v.* Irminæ, *v.*

25. Stæ Anastasiæ, *m.* Eugeniæ, *v. m.*

26. S. Dyonisii, *pp.* Zozimi, *pp.* Stephani, Prot. Marini, *m.* Theodori, *c.*

27. S. Joannis, *ap. ev.* Maximi, *ep.* Theodori, *m.*

28. SS. Innocentium, *m. m.* Victoris, *m.* Rogatiani, *m.* Castoris, *m.* Cœsarii, *m.* Stæ Domnæ, *v.* et *m.* Agapis, *v.* et *m.* Theophilæ, *v.* et *m.* S. Domnionis, *presb.* Antonii, *mon.* Theodori, *mon.*
29. S. Thomæ, *ep. Cant.* Crescentii, *ep.* Trophimi, *ep.* Callisti, *m.* Felicis, *m.* Bonifacii, *m.* Secundi, *m.* Saturnini, *m.*
30. S. Sabini, *ep. m.* Eugenii, *ep. m.* Liberii, *ep.* Rainerii, *ep.* Exuperantii, *m.* Marcelli, *m.* Mansueti, *m.* Severi, *m.* Honorii, *m.*
31. S. Sylvestri, *p. p.* Potentiani, *ep.* Stæ Donatæ, *m.* Paulinæ, *m.* S. Stephani et Soc, *m. m.* Stæ Columbæ, *v. m.* Rusticæ, *m.* Nominandæ, *m.* Serotinæ, *m.* Hilariæ, *m.* S. Zotici, *p.* Barbatiani, *p. c.* Stæ Melaniæ Junioris.

———

Afin qu'on puisse se faire une idée de toutes les reliques qui existent dans la Cathédrale, nous joindrons à celles-ci, celles qui sont placées ordinairement sur le maître-autel et la relique insigne de la vraie Croix qui est exposée à l'adoration des fidèles en diverses circonstances.

Les reliques du maître-autel sont placées dans des édicules enrichis de pierreries et d'un travail très-précieux. Ces reliquaires ont été offerts à la Cathédrale par le clergé du diocèse de Moulins au moyen de la redevance appelée *cathédratique*.

Les reliques placées du côté de l'Epître, sont celles :

S. *Jacobi majoris*. — Stæ *Paulæ*. — S. *Benedicti abbatis*. — S. *Andreæ apostoli*. — S. *Philippi apostoli*. — S. *Theodori* Mart. — S. *Benigni* Mart. — S. *Pii*.

Du côté de l'Evangile celles :

S. *Petri apost*. — S. *Victoris III*. — S. *Bernardini* Abb. — S. *Ludovici*. — S. *Sebastiani* Mart. — Stæ *Candidæ*. — S. *Austremonii*. — Stæ *Flamninæ* Mart.

Parmi ces reliques que Mgr de Moulins a données à la Cathédrale en 1852, on en remarque de très-précieuses provenant de l'ancien couvent de Nazareth, principalement *un notable fragment d'os de saint Pierre, une vertèbre du cou de saint Louis, de gros fragments d'os de saint Benoit et de saint Bernard.*

La magnifique relique de la vraie Croix qui a près de 2 centimètres de longueur, est un fragment de la relique insigne de la Sainte-Chapelle de Paris. Au moment de la Terreur, cette relique avec beaucoup d'autres, avait été confiée à une personne qui restitua fidèlement le précieux dépôt à l'archevêché de cette ville. Comme témoignage de reconnaissance, on lui donna un fragment de la relique qu'elle avait si bien préservée pendant la Révolution. Ce fragment devint par héritage la propriété d'une famille dont un des membres l'a transmise à Mgr de Dreux-Brézé. Le 14 juillet 1852, Mgr de Moulins en a fait don à sa Cathédrale. Ce fragment est d'autant plus authentique, qu'il s'applique exactement dans l'entaille que chacun peut voir sur le morceau de la Sainte-Chapelle de Paris.

G. — *Chapelle de Benoit-Joseph Labre.*

A la retombée des voûtes de cette chapelle, on trouve les symboles des quatre Evangélistes. A droite et à gauche de l'autel, l'*Ange* de saint *Mathieu* et l'*Aigle* de saint *Jean*; en face, le *Bœuf* de saint *Luc* et le *Lion* de saint *Marc*. A la clef de voûte, le Père Éternel bénissant de la main droite et avec la gauche portant un globe surmonté d'une croix.

Ce qui frappe les yeux au-dessus de l'autel, c'est un portrait en pied du sublime mendiant, *Benoît-Joseph Labre*. Vêtu d'une capote gris cendré avec une pèlerine de la même couleur, il est à genoux, un crucifix attaché sur la poitrine du côté gauche, une sébille pendue à sa ceinture. Il dit son chapelet dans le Colisée de Rome dont on aperçoit les arcades derrière lui. Ce tableau, sans être de premier ordre, exprime bien la physionomie douce et résignée de ce parfait modèle de Jésus-Christ. Sur l'autel, est exposé un morceau de son vêtement enfermé dans un reliquaire. Le jour de sa fête, on expose une manche toute entière de ce même vêtement, et l'on donne à baiser aux fidèles la relique de l'autel.

Maintenant, comment *Benoît Labre* se trouve-t-il dans une chapelle de la Cathédrale de Moulins ? tandis qu'il appartient par sa naissance (26 mars 1748) au diocèse de Boulogne, et que, par sa mort, il appartenait à Rome où il avait rendu son âme le 16 avril 1783. Nous tâcherons de l'expliquer brièvement.

Après des essais peu fructueux d'études ecclésiastiques, il eut le mouvement de se consacrer à Dieu dans la vie religieuse ; mais bientôt il se sentit prédestiné à la vie essentiellement nomade de pèlerin et de mendiant. Ce genre de vie répondait trop bien à son désir le plus ardent, celui de ne pas laisser passer un seul jour sans prier et sans souffrir.

Après avoir visité d'abord Lorette et Rome, nous le voyons parcourir successivement la France, la Suisse, l'Allemagne, l'Espagne, et après avoir accompli toutes ces pérégrinations, il revient de nouveau à Rome et à Lorette, qui étaient comme les deux principales étapes de ses pèlerinages.

Benoît Labre voyageait à pied, à peine couvert de vêtements délabrés pendant la saison la plus rigoureuse, dévoré par des insectes qui ne lui laissaient pas un seul instant de repos, les jambes couvertes d'ulcères, exposé sans cesse à toutes les ardeurs du soleil, et enfin, recevant son pain de la commisération publique. Aussi pauvre que le dernier des pauvres, il était si riche par sa charité que, si par hasard on lui donnait un peu plus qu'il ne lui fallait pour subvenir à la plus maigre des réfections, il se hâtait de distribuer le reste aux autres mendiants. Souvent il était hué par la foule, insulté par les enfants, accablé d'avanies de toute espèce, arrêté comme un malfaiteur ; mais intérieurement, il souriait d'être traité comme son divin Maître, et aussi jamais on n'entendit sortir de sa bouche le plus petit mot d'impatience.

A Saint-Bertrand de Comminges, dans les Pyrénées, on alla jusqu'à faire peser sur lui une accusation d'assassinat. A Moulins, nous devons nous féliciter de notre mansuétude ; car nous nous sommes contentés seulement de le prendre pour un voleur. Je ne doute pas que mes lecteurs ne lisent avec intérêt le passage tout entier de son séjour à Moulins, passage que je transcris dans la *Vie admirable du Bienheureux mendiant et pèlerin Benoît-Joseph Labre* (1). La lecture de ce beau livre est un véritable charme pour tous les fidèles ; mais il intéressera très-vivement ceux qui cherchent la vérité et ne l'ont pas

---

(1) Par Léon Aubineau, 3ᵉ édition. Paris, Victor-Palmé, 1875.

encore rencontrée. Ils y trouveront le développement pris sur le vif de cette fameuse proposition d'Horace : *Justum et tenacem propositi virum, etc*...... dans aucun autre livre ils ne liront le récit d'un drame plus émouvant que ce qui s'est passé à Rome à Notre-Dame des Monts après la mort du Bienheureux Labre dont la vie avait été marquée par les miracles les plus éclatants (1). « Un ministre
« protestant d'Amérique, dit l'abbé Petin,
« M. Thayer, se trouvant à Rome quelque
« temps après la mort de ce serviteur de
« Dieu, et ayant pris connaissance des pro-
« cédures qui constataient ces miracles, ne
« put s'empêcher de dire que, si ceux à qui
« l'Église décerne un culte avaient opéré des
« merveilles aussi authentiques, il serait im-
« possible d'avoir le moindre doute sur leur
« sainteté ; il lui fut répondu que ces mi-
« racles qui lui paraissaient si frappants, ne
« suffisaient pas, d'après les règles établies
« pour la canonisation des saints. Cette ré-

---

(1) *Dictionnaire hagiographique*, par l'abbé Petin, 2 vol, grand in-8o, publié par l'abbé Migne,

« flexion le frappa tellement qu'il se fit ca-
« tholique. »

Ecoutons maintenant Léon Aubineau (page 107).

« Benoît se détourna de sa route avant de
« se rendre en Espagne, et passa une partie
« de l'hyver (1772-1773) à Moulins en Bour-
« bonnais..... Les historiens pensent que le
« désir de revoir Sept-Fonds qui n'est qu'à
« six lieues de Moulins, aurait bien pu dé-
« terminer Benoît. Qu'importe ? L'admirable
« pèlerin était à Moulins aux fêtes de l'Épi-
« phanie 1773. Il y logeait chez un pieux
« chrétien qui lui avait offert asile dans sa
« maison ; le Bienheureux se contentait d'un
« peu de paille dans le grenier. La rigueur
« du climat ne lui aurait pas permis de pas-
« ser les nuits en plein air comme en Italie,
« peut-être aussi la police d'une ville de
« France se fût-elle opposée à cet acte de
« vertu ? surtout il faut croire à l'intervention
« et à l'avis d'un confesseur. Nous dirons
« plus tard quelles réserves avaient d'ail-
« leurs été apportées à l'approbation que Be-
« noît avait reçue de passer les nuits en
« plein air.

« Quoi qu'il en soit, les hôtes de Benoît à
« Moulins, le maçon François Moret et sa
« fille Elisabeth s'étonnaient de la rigidité
« et de la régularité de sa vie. Dès la pointe
« du jour, le Bienheureux descendait de son
« grenier et se rendait à la Collégiale. Il en
« sortait vers midi, et quand il se trouvait
« engourdi par le froid dont ne pouvait le
« défendre son vêtement toujours aussi lé-
« ger, malgré les rigueurs de la saison et du
« climat, il entrait se réchauffer dans quelque
« boutique du voisinage, ensuite il retour-
« nait bien vite à l'église et ne la quittait
« plus qu'à la fermeture des portes. Il son-
« geait alors à son unique repas composé de
« pain et d'eau ; le dimanche seulement, il se
« permettait deux réfections et ajoutait à son
« pain quelques noix ou un peu de pois
« cuits à l'eau et au sel. De retour chez ses
« hôtes, il s'offrait volontiers à faire le soir
« une lecture, à laquelle plusieurs personnes
« du voisinage assistaient avec empresse-
« ment, curieuses, disaient-elles, de voir un
« saint.

« Partout on retrouve ce sentiment una-
« nime de cette vie extraordinaire. Ainsi la

« compassion éveillée par l'extérieur sordide
« du Bienheureux n'était pas la seule cause
« des aumônes qu'il recevait, elles excé-
« daient ses besoins et il les distribuait scru-
« puleusement chaque jour. Ses hôtes lui
« ayant fait à ce sujet quelques observations
« et l'engageant à mettre quelque chose en
« réserve : « Dieu, leur répondit-il, qui m'a
« nourri aujourd'hui, saura bien me nourrir
« encore demain. » Retiré dans son grenier,
« Benoît passait une partie de la nuit à
« prier, à méditer, et parfois même à se fla-
« geller cruellement. Sa discipline en cordes
« était garnie de petits clous. Il avait en
« outre une ceinture de fer.

« Cependant notre pays de France, malgré
« la piété et la foi du peuple, n'avait pas les
« condescendances et les bonnes grâces de la
« foi italienne. La vie que menait Benoît
« était un sujet d'édification à Rome ; elle
« devint une cause de scandale à Moulins.
« Le vicaire du chapitre s'inquiéta de la pré-
« sence persistante de ce pauvre à l'église.
« Un larcin avait été commis récemment : on
« se prit à soupçonner et à surveiller Benoît.
« Ses vertus parurent exagérées et on les ac-

« cusa d'hypocrisie. Bref, comme la logique
« et l'excès ont toujours été dans le caractère
« français on interdit à Benoît l'entrée de la
« Collégiale. Il se soumit, et pour ne pas
« éveiller de nouvelles susceptibilités, il de-
« manda à l'un des curés de la ville (1) l'auto-
« risation de fréquenter son église ; mais le
« vicaire du chapitre ne prétendait pas se bor-
« ner à l'interdiction qu'il avait prononcée :
« il poursuivit le Bienheureux de ses dénon-
« ciations, l'accusant de friponnerie et pous-
« sant les autorités à le bannir de la ville. On
« le taxait de folie ; on s'étonnait qu'il eut
« trouvé un hôte assez imprudent pour l'ac-
« cueillir ; on engagea de toutes parts le brave
« Moret à chasser ce vagabond, près de qui,
« disait-on, personne ne pouvait être en
« sûreté. Enfin, on menaça même publique-
« ment notre Bienheureux de la Prison.

« A tout ce bruit Benoît opposait son silence
« et sa résignation. Toutefois, il céda à la tem-
« pête, et, craignant de causer du désagré-

---

(1) Antoine Buttaut Depoux, curé de Saint-Pierre de Moulins ; il déposa au procès de canonisation de 1785.

« ment à ses hôtes, quitta leur maison. On
« s'étonne qu'il n'ait pas en même temps
« quitté la ville. Quelque dessein de la Provi-
« dence l'y retint sans doute pour y faire
« briller davantage sa vertu et la soumettre
« à de nouvelles avanies.

« Tout le monde n'avait pas cependant em-
« brassé les ressentiments du vicaire du cha-
« pitre, et quelques âmes charitables conti-
« nuaient à admirer dans le serviteur de Dieu
« de grandes marques de sainteté. Le curé de
« Saint-Pierre, dont il fréquentait l'église,
« était touché de la vertu de ce pauvre et en
« particulier de sa dévotion pour l'Eucharis-
« tie. Benoît communiait assez fréquemment
« à la messe du matin : le prêtre-sacristain,
« ému peut-être de tout ce qui se débitait
« dans la ville, commença à trouver que, pour
« un laïque si jeune et si sordide, il appro-
« chait bien souvent du festin Eucharistique.
« Il se crut en droit de l'en exclure (1) et le
« chassa de la table de communion. Benoît,

---

(1) Déposition de l'abbé Buttaut Depoux, curé de Saint-Pierre.

« navré sans aucun doute de s'éloigner de
« son aliment et de sa force, supporta avec
« une admirable résignation cet affront qui
« se renouvela plusieurs jours de suite.
« Toutefois le curé apprit ce qui se passait
« et sut arrêter ce qu'on pourrait appeler un
« scandale.

« Plusieurs des paroissiens de Saint-Pierre
« étaient édifiés de l'humilité, de la modestie
« et de l'assiduité à la prière du Bienheureux.
« Une tertiaire de saint François, nommée
« Rivelle, entr'autres, ayant su qu'il était
« agrégé à la Confrérie du séraphique Père,
« se croyait obligée à des devoirs particu-
« liers de charité envers ce saint jeune
« homme, et lorsqu'il sortit de la maison
« Moret, elle s'empressa de lui chercher un
« autre asile. Elle s'adressa à un tailleur
« d'habits nommé Fanjou, rue de la Flè-
« che, (1) et lui demanda dans son grenier un
« peu de paille pour ce pauvre, qui était sans
« feu ni lieu; Benoît mena dans ce galetas la
« même vie que chez le maçon.

(1) L'abbé Petitalot (*Le Bienheureux Labre dans le Bourbonnais*).

« Le procès d'information relate deux évé-
« nements extraordinaires qui eurent lieu
« durant ce séjour. Le jeudi saint, jour où
« Benoît n'avait besoin de rien, disait-il, il
« réunit douze pauvres auxquels il voulut
« distribuer toutes ses provisions; elles con-
« sistaient en un peu de pain et une petite
« quantité de pois estimée deux sous par un
« témoin. Or, les douze pauvres, après avoir
« mangé, emportèrent leurs écuelles pleines,
« et les témoins crurent à une merveilleuse
« multiplication. Quelques jours après, à une
« des fêtes de Pâques, l'hôte du Bienheureux,
« le tailleur d'habits Fanjou, eut un accès de
« violentes douleurs auxquelles il était sujet
« depuis plus de vingt ans et qui, dans les
« dernières années, s'étaient aggravées et
« compliquées. Benoît le visita ; et, à la vue
« des souffrances du patient, qui se disait ar-
« rivé à sa fin, le Bienheureux, ému de com-
« passion, se mit à prier ; puis, adressant
« quelques mots d'encouragement au malade,
« il lui dit: « ce ne sera rien, ce ne sera rien ! »
« Dans la journée les douleurs se calmèrent ;
« le lendemain, le malade se trouva en bon
« état de santé. Il n'avait fait aucun remède,

« et il vécut encore dix ans sans se ressentir
« jamais de cette infirmité.

« Cependant, les clameurs n'avaient pas
« cessé de s'élever contre le Bienheureux ;
« elles prirent même une certaine recrudes-
« cence. On blâmait les honnêtes gens qui
« le logeaient, on leur représentait les risques
« auxquels ils s'exposaient à recueillir ainsi
« un lépreux, disait-on, un fripon ou un fou.
« Le propriétaire de la maison occupée par le
« tailleur, exprima même ses craintes de la
« voir incendiée, surtout un lieutenant de
« police paraissait acharné. La famille Fanjou
« ne se laissait pas ébranler; mais Benoît,
« craignant de lui causer du désagrément,
« voulut partir. On lui trouva un logement
« chez un parent de ses hôtes. Il y resta
« peu de jours, et quitta Moulins pour se
« loger à Toulon qui est comme un faubourg
« de la ville, dépendant alors du diocèse de
« Clermont. »

Après avoir été si inhospitaliers à son égard, ne devons-nous pas considérer comme providentiel de le voir ainsi réintégré avec honneur dans notre cathédrale? Son portrait et ses précieuses reliques que Monseigneur de Moulins a rapportés de Rome, sont dans cette chapelle comme une protestation énergique et comme un signe éclatant d'expiation pour les humiliations que nos pères ont infligées au Bienheureux : c'est là une de ces délicates vengeances comme il plaît souvent aux saints d'en exercer, et qui démontre clairement que, quoique nous fassions en ce monde, le bon Dieu a toujours le dernier.

Il nous reste encore à dire quelques mots sur le galetas que le Bienheureux a occupé pendant quelque temps à Moulins, rue de la Flèche n° 25. A Rome, le sort de l'heureux propriétaire de ce bouge aurait paru digne d'envie, et aujourd'hui, probablement, on y trouverait un petit sanctuaire ou un modeste oratoire, que les fidèles viendraient surtout visiter le jour de la fête du bienheureux mendiant et pèlerin, Benoît-Joseph Labre.

H. — *Chapelle de Sainte-Thècle.*

Dans cette chapelle, il n'y a pour ainsi dire rien à signaler. Comme dans celle de Saint-Louis, dans la partie supérieure au-dessus de l'autel, règnent des arcatures du xvi⁰ siècle, en forme de dais, qui ont subi plusieurs couches de peinture à l'huile. Le tableau où sainte Thècle est représentée avec un lion à côté d'elle, n'offre rien de remarquable.

LES ÉPAVES DE LA RÉVOLUTION

DANS LA CATHÉDRALE DE MOULINS.

*Les Démolisseurs. — La Nativité de Parrocel.
La Vierge de Sept-Fonds. — Le Tombeau.
Les Cloches.*

Les démolisseurs.. — On a publié il y a quelque temps une singulière caricature. Un ennemi acharné de l'Eglise et de la France, est représenté tirant de toutes ses forces une longue corde attachée à l'extrémité d'un clocher. « Que faites-vous donc là, mon brave ? » lui dit, en l'interpellant, un personnage tout noir qui laisse voir un pied fourchu. — « Com-
« ment ! vous ne voyez donc pas que je suis
« en train de démolir l'Eglise ! — Démolir
« l'Eglise ! vous m'étonnez grandement ; car
« moi il y a plus de dix-huit siècles que je
« me suis attelé à la même besogne, et je
« suis peut-être moins avancé que le pre-
« mier jour. Je vous souhaite donc toute
« espèce de chances. »

On ne saurait se moquer plus spirituellement de la manie de nos démolisseurs. Ces gens-là ne peuvent pas se mettre dans la tête, qu'ils ont beau renverser nos sanctuaires, ils ne sauraient renverser les principes qui sont immortels. Vainement jettent-ils à tous les vents les pierres de nos monuments ! ils ont toujours devant les yeux une pierre indestructible contre laquelle tous leurs efforts réunis viennent se briser, sans qu'ils puissent même l'ébranler un seul instant.

Pourquoi ne prendraient-ils pas pour modèle leurs amis les Italiens ? Eux aussi sont leurs émules en révolution ; mais au moins, jusqu'à ce jour, bien qu'ils ne craignent pas de *porter une main sacrilège sur tout ce qu'il y a de plus saint, de plus cher au Seigneur* (1), ils ont eu le bon esprit de ne pas démolir (2).

---

(1) Allocution de Pie IX aux Provençaux et aux Vendéens, le 14 novembre 1875.

(2) Malheureusement, on ne saurait répondre de l'avenir. Déjà, un assez grand nombre de *Madones* a été brisé, renfermé ou supprimé, surtout celles qui se trouvaient dans les rues de Naples. A Rome, les stations du chemin de croix du colysée ont été enlevées.

Quand un peuple est lancé dans la voie révolutionnaire,

C'est une loi qui leur est imposée dès l'âge le plus tendre. Je me rappelle toujours, quand j'habitais Florence, d'avoir lu avec une certaine satisfaction ces trois sentences inscrites dans les salles d'Asile et dans les écoles :

ADOREZ DIEU

AIMEZ VOS PARENTS

RESPECTEZ LES MONUMENTS

Si depuis longtemps elles eussent été pratiquées dans notre chère France, nous ne posséderions pas dans nos villes le type à jamais détestable du gamin qui ne se fait aucun scrupule de lancer un pavé à travers les verrières les plus remarquables et de maculer les plus belles peintures murales en les cou-

---

il est fatalement entraîné à fouler aux pieds toutes ses traditions, même celles qui lui étaient les plus chères. Nous en sommes l'exemple le plus triste et le plus vivant. Avant 89, nous étions élevés dans le respect et le dévouement traditionnels pour nos rois qui avaient constitué ce royaume, ce royaume que les autres peuples appelaient *le beau royaume de France*. Eh bien ! qu'avons-nous fait de cette monarchie qui a été notre gloire pendant quatorze siècles et qui serait encore *notre salut ?*

vrant des dessins les plus ignobles : par suite nous n'aurions peut-être pas la douleur de signaler tant de dégradations et tant de ruines amoncelées pendant nos guerres de religion et à une époque néfaste qui nous rappelle les temps les plus reculés de la barbarie. C'est à grand peine qu'on a pu opérer le sauvetage de quelques débris de nos sanctuaires, et naturellement on les a replacés le plus souvent dans ceux qui ont échappé à la fureur révolutionnaire. Ce sont ces épaves qu'il me reste à décrire dans la cathédrale.

La Nativité de P. Parrocel. — La première est *une Nativité de Notre-Seigneur* qui était sur le maître-autel de la chapelle des Chartreux et qui se trouve aujourd'hui dans la chapelle de la Sainte-Vierge (1). Dans le haut on voit un chœur d'anges : *La Sainte-Vierge*, assise

---

(1) A la Révolution, leurs bâtiments furent convertis en une manufacture d'armes qui n'a jamais prospéré et a été remplacée par une fabrique de faïence anglaise qui ne prospéra pas davantage. Elle tomba bientôt en faillite ; il ne restait presque plus rien de la Chartreuse quand on y a installé le grand Séminaire qui se compose de belles constructions modernes.

près de la crèche, soulève du bout des doigts de la droite, le lange qui recouvre l'*Enfant Jésus* couché, et dirige avec affeterie sa main gauche vers sa poitrine. *Saint Joseph*, sur le devant, baise le pied de l'*Enfant Jésus*, un lys est à ses pieds ; derrière lui un berger. Dans le coin, à droite, on lit cette inscription : P. PARROCEL IN. PIN. VEN. 1694 ÆTATIVS. 22 : *Pierre Parrocel l'a inventé et l'a peint à Venise en* 1694 *à l'âge de* 22 *ans*. Ce qui indique que Pierre *Parrocel* était né en 1672. Ce tableau, s'il n'a pas d'autres mérites, servira à rectifier la date de sa naissance que les biographes placent ordinairement en 1664.

Pierre Parrocel, né à Avignon, a beaucoup moins de réputation et de talent que *Joseph Parrocel* son oncle (1648-1704) et que *Charles Parrocel* (1688-1755) son cousin. Il était fils de Louis, fils lui-même de Barthélemy, première souche des Parrocel.

Mariette parle de Pierre dans son *Abecedario* (1) et ne paraît pas beaucoup apprécier

---

(1) Dumoulin. Paris. 1854-1856.

son talent. D'après *Adolphe Siret* (1), il a été élève de son oncle *Joseph*, puis de *Carle Maratte* à Rome. Il est ensuite revenu en France ; après avoir parcouru le Languedoc, la Provence, le comtat d'Avignon il a laissé partout des preuves de son talent ; il fut agréé à l'Académie et mourut à Paris. Toujours d'après *Siret*, le dessin de ses tableaux serait gracieux, le coloris agréable, l'exécution ferme, l'effet harmonieux. Ce n'est pas précisément ce que nous trouvons dans son tableau qu'il avait exécuté il est vrai à l'âge de 22 ans. A l'inspection de cette toile, on voit que l'art religieux qui était bien malade depuis la mort d'*Eustache Lesueur* (1655), était complétement perdu à la fin du XVIIe siècle.

La Sainte Vierge de Sept-Fonds. — Comme signe de la dégénérescence de l'art chrétien, comme style maniéré et marqué au coin matérialiste, *la Vierge* en marbre blanc qui se trouve sur le maître-autel et qui était avant

---

(1) *Dictionnaire historique* des Peintres de toutes les écoles (Bruxelles 1842).

la Révolution dans la chapelle de Sept-Fonds (1), apparaît comme un digne pendant de la *Nativité* de P. *Parrocel*. La Sainte Vierge est debout, elle appuie ses deux mains sur le haut de la poitrine en arrondissant les bras. Elle pose le pied sur la tête du serpent. Les draperie flottantes, comme c'était le goût de l'époque, ont la prétention d'être agitées par le vent ; mais elles n'en sont pas moins très-lourdes.

Cette vierge ne justifie en aucune façon ce beau titre de *Notre-Dame* qui est le vocable de la cathédrale. Il y aurait donc lieu, dans le cas où l'agencement du chœur serait changé, de replacer notre Vierge noire, notre *Vierge séculaire*, AU LIEU OU ELLE ÉTAIT ÉLEVÉE DANS LE CHŒUR DE L'ÉGLISE ROYALE ET COLLÉGIALE DE NOTRE-DAME DE MOULINS (suivant les

---

(1) L'Abbaye de Sept-Fonds, fondée en 1132, avait été dédiée à la *Sainte Vierge* sous le nom de *Notre-Dame de Saint-Lieu*. On l'appela Sept-Fonds à cause des sept fontaines qui y prennent leur source. Au moment de la Révolution, comme les moines faisaient beaucoup de bien autour d'eux, le couvent fut épargné pendant quelque temps ; mais bientôt il fut exproprié, comme tous les autres.

expressions consignées dans l'acte capitulaire du 13 juillet 1657).

Le tombeau. — Nous touchons aux groupes de figures qui représentent le *Christ au tombeau*. Ce groupe a été agencé en même temps que la Vierge de Sept-Fonds, et bien que sa provenance soit inconnue, il y a tout lieu de croire qu'il était placé ailleurs sur une plateforme où il était plus élevé. Ce qui le prouve surabondamment, c'est que les statues du troisième plan sont seulement terminées jusqu'à mi-jambe, et qu'évidemment l'œil ne devait pas plonger sur les points où elles paraissent enterrées à moitié dans le sol. Ce défaut eût été évité en plaçant toutes les figures sur un point plus élevé, ce qui eut forcé le spectateur à les regarder de bas en haut.

Notre-Seigneur est étendu sur une grande pierre, après avoir été descendu de la croix. Au milieu, la Sainte Vierge soutenue par *saint Jean l'Evangéliste* placé à droite. A gauche, *sainte Marie-Madeleine* avec ses longs cheveux, tenant de la main gauche un vase de parfums et dirigeant la main droite vers le corps de N.-S. J.-C. A côté d'elle, à gauche, une sainte femme, les mains jointes, serrant un livre contre sa poitrine. Cette sainte femme ne serait-elle pas *Salomé* tenant le livre des Evangiles de son fils Jean ?

Au coin, à droite, une autre sainte femme essuyant avec un mouchoir ses yeux de la main droite et la gauche dirigée vers le corps de Notre-Seigneur.

A droite, sur le premier plan, personnage qui pourrait bien être saint *Joseph d'Arimathie*, coiffé, la barbe et les cheveux longs, les deux mains rapprochées du corps, une escarcelle à sa ceinture. Sur le même plan, à gauche, personnage qui pourrait être saint *Nicodême*, tête nue, chauve, longue barbe, les deux mains étendues vers le corps de Notre-Seigneur.

Toutes ces figures, empreintes de cette naïveté pieuse qui caractérise la fin du xve siècle, ne manquent pas d'un certain charme; bien qu'elles laissent à désirer par certains côtés de l'art, elles sont bien supérieures à la *Vierge de Sept-Fonds*, au point de vue du sentiment religieux.

Ce groupe du *Christ au Tombeau* est abrité sous un auvent de pierre de taille qui a été combiné au commencement de ce siècle pour l'agencement de la *Vierge de Sept-Fonds*, placée immédiatement au-dessus. Cet auvent soutient une décoration du plus mauvais goût, composée de nuages agglomérés autour de la statue et terminée dans la partie inférieure par quatre anges en adoration. Un auvent plus petit mais absolument pareil, probablement du même auteur, se trouvait au-dessus de la porte de la Maison qui a fait place à la nouvelle sacristie.

Il serait superflu d'insister plus longtemps sur la nécessité de faire disparaître cet auvent avec tout ce qu'il porte et tout ce qu'il abrite, sauf à placer convenablement ailleurs la *Vierge de Sept-Fonds* et les *statues du Tombeau*.

Les Cloches I. — Il résulte du n° 417 de l'inventaire imprimé des archives de la ville de Moulins (1) (folio 6), que le 1ᵉʳ août 1727, la Collégiale fit bénir deux cloches, dont la plus grosse eut pour parrain Mgr *Brunet*

---

(1) Intitulé : *Cérémonial et principaux événements tirés des registres*. 1 vol. in-folio.

d'*Evry*, chevalier, marquis de Lapalisse, etc., intendant de la province. Ces cloches étaient placées dans un petit clocher appelé le *Petit-Saint*, revêtu de plomb « d'une grande élé-
« gance et du travail le plus délicat, construit
« en 1507 sur les dessins du chanoine Guil-
« laume Toissier (1) » ; mais la Révolution fit fondre le plomb et ne respecta pas davantage le bronze ; aussi, quand il fut question de réorganiser le culte en 1802, l'église de Notre-Dame n'avait pas la plus petite cloche à sa disposition. Elle commença par hériter de celle d'Avermes, dont l'église romane du XIIe siècle, sous le vocable de saint Michel, avait été renversée de fond en comble en 93 (2), la cloche seule fut sauvée.

(1) *Allier pittoresque*, arrondissement de Moulins, p. 2, et *Ancien Bourbonnais*.

(2) Elle a été remplacée par une élégante chapelle, bâtie d'après les plans du Révérend Père Mariste Desrosiers, dans le style du XIIIe siècle, interprété d'une façon très-originale.

Ce sanctuaire votif a été élevé en 1871, sous le vocable de Notre-Dame de la Salette. En 1870, un vœu avait été fait à la Sainte-Vierge. Aux termes de ce vœu, dans le cas où le diocèse et la ville de Moulins seraient préservés de tous les malheurs de la guerre, une chapelle devait être élevée à

L'inscription que je vais en donner, est extraite du recueil manuscrit des inscriptions de cloches de M. Conny, bibliothécaire.

† SIT NOMEN DOMINI BENEDICTUM. L'AN 1787, IAY ÉTÉ BENITE PAR MESSIRE CLAUDE BRISSON, PRETRE, CURE DE CETTE PAROISSE D'AVERMES. IAI EU POUR PARRAIN MESSIRE FRANCOIS DU BROC, CHEVALIER, SEIGNEUR DE CREPY, CHABÉ. LALEU ET SEGANGE. ET POUR MARRAINE DAME THERÈSE DE MONJOURNAL, EPOUSE DE MESSIRE PIERRE DE CHAMPFEU, CHEVALIER, SEIGNEUR DE LA GRANGE.

Il paraît qu'on ne dit pas la vérité même sur les cloches. Quand celle-ci fut fondue, c'était le curé Brisson qui devait la bénir. Quelques jours avant la cérémonie, afin de lui donner plus d'éclat, on pensa qu'il fallait la faire bénir par l'official de la Collégiale,

---

Notre-Dame de la Salette. Jamais vœu n'a été plus largement exaucé. L'armée française était à Nevers, les hordes de Garibaldi étaient à Autun et l'armée prussienne arrivait à leur suite. Si l'armistice n'eut pas été proclamée, nous étions foulés et écrasés par tous ces belligérants.

et comme rectification de l'inscription de la cloche que l'on ne pouvait pas changer, on se contenta de rédiger le procès-verbal suivant, qui se trouve dans les registres de la paroisse d'Avermes (1) :

« Ce jourd'hui, 8 mai 1737, nous Pierre Le Maître, prêtre, docteur en théologie, licentier (*sic*) en droit civil et canon, official de Moulins, à la réquisition et prières de messire Claude Brisson, curé de cette paroisse d'Avermes, nous sommes transporté dans l'église du d. sieur curé pour faire la bénédiction d'une cloche ; où étant, après la grand messe célébrée, nous avons procédé à la dite cérémonie et avons béni la cloche selon le cérémonial romain. Ont été parrain : Messire François Du Broc, chevalier, seigneur de Crépy, Chabet, Laleu et Segange, et marraine, dame Thérèse de Montjournal, épouse de messire Pierre de Champfeu, chevalier,

---

(1) Déposés au greffe du tribunal civil.

seigneur de la Grange, lesquels ont signé avec nous le présent acte, le dit sieur curé, les autres prêtres et personnes notables qui ont assisté à la cérémonie. LE MAISTRE, official de Moulins ; DU BROC - THERESE MONTJOURNAL DE CHAMPFEU - DEFERRÉ EUDES DE LA TIGNY - DEVILLENAUD, prêtre ; - DE CHAMPFEU BRISSON, curé. »

Cette cloche a un son doux et triste, on dirait qu'elle regrette la colline d'Avermes où elle a été bénite.

M. Conny pense qu'elle pèse à peu près 175 kilogrammes. Quant au poids de la seconde cloche, il l'évalue à environ 300 kilogrammes.

II. — Il est difficile de désigner la provenance de cette seconde cloche. Il est certain qu'elle ne faisait pas partie de celles de la Collégiale comme on le verra bientôt.

Cette cloche porte une première inscription en relief qui a été moulée en même temps qu'elle.

Elle est ainsi conçue d'un côté (1) :

J. L. GRANDNOM M'A FAIT 1775.

Et de l'autre :

FIDELIUM DONIS IMPTA (*sic*).

Ayant été achetée, comme le dit cette dernière inscription, avec les dons des fidèles, elle n'est probablement pas restée dans l'atelier du fondeur depuis 1775 jusqu'en 1802, époque à laquelle elle fut bénite pour appeler les fidèles à l'église de Notre-Dame. Il est permis de supposer que, pendant ce laps de temps, elle était placée dans un sanctuaire qui fut détruit au moment de la Révolution.

L'inscription suivante a été burinée après coup sur la cloche elle-même au moment de sa bénédiction :

---

(1) Les inscriptions suivantes proviennent également du recueil manuscrit des inscriptions de cloches de M. Conny, bibliothécaire.

LE 7 BRUMAIRE AN XI DE LA RÉPUBLIQUE FRANÇAISE (le 29 octobre 1802), NAPOLÉON BUONAPARTE PREMIER CONSUL. JAI ÉTÉ NOMMÉE *NAPOLÉON* PAR BENJAMIN ELEONOR LOUIS FROTIER DE LACOSTE MESSELIERE, PREFET DU DEPARTEMENT DE L'ALLIER ET MARIE COLLAS EPOUSE DE HEULHARD FABRICE, MAIRE DE MOULINS ET BENITE PAR NICOLAS AMABLE FLORIMOND ROUX.

Ce nom singulier donné à une cloche, démontre une fois de plus, combien les Français sont toujours ingénieux à se tourner du côté du soleil levant !

SAINT CHRISTOPHE.

Au moment où l'on est près d'atteindre la porte à l'extrémité nord de l'ancienne Collégiale, on aperçoit un géant tenant de la main droite un bâton très-gros et très-long, s'appuyant de la gauche sur un rocher. En traversant le lit d'un torrent, il soutient sur ses épaules un enfant auquel il manque la tête. Cette statue du xvie siècle est posée sur une colonne de l'ordre ionique.

Ce personnage n'est autre que saint *Christophe* (1). Au moyen-âge, on pensait qu'il suffisait de regarder son image peinte ou sculptée, pour être préservé tous les jours contre l'eau, le feu, les tremblements de terre et la mort subite. Elle garantissait également le laboureur contre l'affaiblissement de ses forces, si nécessaires pour son travail. Aussi plaçait-on sa figure dans des lieux apparents où il était facile de la voir.

---

(1) En grec Χριστοφορος : φορος *qui porte*, Χριστος *le Christ.*

On avait surtout l'habitude de la placer à l'entrée des églises, afin que ceux qui étaient pressés par le temps, pussent au moins l'apercevoir en entr'ouvrant la porte ! Aussi, le voit-on peint ou sculpté intérieurement à la porte de presque toutes les églises, surtout des Cathédrales. Il était sculpté à Notre-Dame de Paris, à Nevers, à Amiens, à Notre-Dame d'Auxerre et à Saint-Père de Chartres (1543). A Florence, sur la façade de San-Miniato, un des Pollaioli (1) avait peint un saint *Christophe* de 20 pieds. A Strasbourg, on le trouve également à une porte latérale, mais sur un vitrail d'une grande hauteur. Sur une gravure en bois de la Bibliothèque nationale, qui passait il y a quelques années pour la plus ancienne connue, on voit saint *Christophe* avec l'inscription qui témoigne de sa vertu spéciale contre la mort subite et l'impénitence finale.

Christophori faciem quacumque tueris
Illa nempe die morte mala non morieris.

Quel que soit l'endroit où tu auras vu l'image de saint Christophe,

---

(1) Famille de peintres Florentins.

Ce jour-là même tu es assuré de ne pas mourir d'une mauvaise mort.

A Venise, sous le porche de Saint-Marc, on voit une mosaïque représentant saint *Christophe*, avec la variante de ces vers :

>Christophori sancti speciem quicumque tuetur.
>Illo namque die nullo languore tenetur.

Quiconque aura vu l'image de saint Christophe, ce jour-là même ne sera affligé d'aucun mal.

A Milan, sur le mur extérieur du porche de Saint-Ambroise et sur la façade d'une maison, on voit écrit sous les images de saint *Christophe* :

>Christophorum videas,
>Postea tutus eas.

Après avoir vu Christophe, tu peux t'en aller tranquille.

Un dicton cité par l'abbé Daguin (1), interprète ainsi cette inscription :

(1) Curé de Perrancey (Haute-Marne). *Notice sur les*

Si vous avez vu saint Christophe,
Ne craignez nulle catastrophe.

Les Bollandistes mentionnent deux autres vers qui expriment à peu près la même idée (1) :

> Christophore sancte,
> Virtutes sint tantæ
> Qui te mane videt,
> Nocturno tempore ridet.

Saint Christophe, ta vertu est si grande, que celui qui t'a vu le matin peut rire pendant la nuit.

Voici maintenant la légende de saint *Christophe* :

Primitivement il s'appelait *Offerus* ou *Offero*. C'était un homme d'une taille gigantesque, fier de sa force prodigieuse qu'il estimait au-dessus de toute chose. Il résolut d'entrer au service du prince le plus puissant de la terre. Il se mit en route et arriva à la cour d'un roi

---

Images, p. 136 et 135 de saint Christophe, 1849. Langres, *Messager de la Haute-Marne.*

(1) *Acta sanctorum,* sixième volume de juillet.

qui passait pour le plus redoutable du monde entier; mais *Offero* s'aperçut que chaque fois qu'on prononçait le nom de Satan devant ce prince, il se signait. Sur les instances d'*Offero*, il fut obligé de convenir qu'il agissait ainsi par crainte du diable et pour se préserver de ses embûches. « Tu n'es donc pas le « roi le plus puissant de la terre, lui dit le « géant, aussi tu trouveras bon que j'aille à « la recherche de ce Satan que tu crains, car « je veux me faire son serviteur. » Après avoir marché longtemps, il se trouva face à face avec un guerrier d'un aspect terrible qui conduisait une grande armée et qui l'arrêta. « Où vas-tu? lui dit-il. » « — Je cherche Sa-« tan pour entrer à son service, reprit *Offero*. » « — En ce cas, réplique l'autre, ne vas pas « plus loin, car c'est moi qui suis Satan. » *Offero* s'inclina et se rangea parmi ses serviteurs. Tout en continuant leur route, ils atteignent bientôt un carrefour au milieu duquel s'élevait une Croix. A cet aspect, le démon pâlit et voulut se détourner, mais *Offero* l'ayant interrogé sur la crainte qu'il manifestait, Satan fut obligé d'avouer qu'en présence de ce signe redoutable de la croix, sur laquelle

Jésus le Fils de Dieu était mort, il ne pouvait s'empêcher de trembler au souvenir seul de celui qu'il reconnaissait comme son maître. « En ce cas, ce Jésus que tu crains, « dit *Offero*, est plus puissant que toi. Je te « quitte donc pour ne servir que lui. »

Après avoir arpenté bien du pays, *Offero* vint frapper à la cellule d'un ermite, qui lui apprit que le Christ n'était autre que le *Roi du ciel et de la terre*, mais que pour le servir, il fallait s'imposer de rudes devoirs et de nombreuses privations ; mais *Offero* ne voulait ni jeûner, ni prier. « En ce cas, lui dit « l'ermite, tu vois cette rivière large et pro- « fonde, emploie ta vigueur à lutter contre le « courant et à porter ceux qui voudront le « traverser. » Après avoir déraciné un palmier, *Offero* s'en servit comme d'un bâton pour se diriger à travers les flots et se mit en devoir de remplir sans relâche la tâche qu'il s'était imposée. Un soir, il découvrit à l'aide de sa lanterne, un enfant qui le suppliait de le passer. Le colosse plaça l'enfant sur ses épaules et prit son bâton ; mais à mesure qu'il avançait, l'eau montait de plus en plus et le poids de l'enfant était si considérable, qu'il se sentait sur le point d'être englouti. Enfin, après avoir déposé sur le rivage le petit voyageur il lui demanda qui il était ? « Ne t'étonnes pas, lui dit l'enfant, tu as « porté plus que le monde, puisque tu avais « sur tes épaules *le Créateur du ciel et de la* « *terre*. C'était moi que tu voulais servir en « accomplissant cette œuvre charitable ; pour « te prouver ma reconnaissance, plante ton « bâton dans le sol, il va se couvrir de feuilles « et de fruits. » Ce qui fut dit, fut fait, et *Offero* tomba la face contre terre, adora Jésus-Christ et se convertit à la vraie foi.

C'était l'époque de la persécution de Dèce. Le juge de la province de Lycie ayant ouï parler du géant chrétien, le fit venir devant lui : « Qui es-tu ? lui demanda-t-il. « On m'ap-« pelait jadis *Offero* le porteur ; maintenant « on m'appelle *Christophore* ou simplement « *Christophe,* parce que j'ai porté le Christ. »

Cette légende n'a pas été inscrite dans les bréviaires autorisés des divers diocèses d'Italie, de France et des autres pays, mais elle mérite quelque respect pour l'hospitalité qui lui a été accordée dans une foule de sanctuaires, bien que cette hospitalité, le plus souvent, se soit exercée près de la porte de ces mêmes sanctuaires.

Cette légende trouve sa terminaison dans le bréviaire romain :

In Lycia sancti Christophori martyris, qui, sub Decio virgis ferreis attritus, et à flammæ æstuantis incendio Christi virtute servatus, ad ultimum sagittarum ictibus confessus, martyrum capitis obtruncatione complevit.

En Lycie, martyr de saint Christophe qui, sous Dèce, fut cruellement fouetté avec des verges de fer, fut préservé des flammes d'un foyer ardent par le secours de Jésus-Christ, fut percé de flèches en dernier lieu, et comme complément de son martyre eut la tête tranchée.

Ce géant portant le Christ, placé à la porte des églises comme une sentinelle, a toujours singulièrement exercé les intelligences. En terminant, je transcris d'après les Bollandistes, des vers latins très-curieux, qui donnent à cette statue un sens essentiellement symbolique. Ils sont inscrits au bas d'une gravure du saint, qui est interpellé directement :

Tu quis es ? — Ingenue Christum profitentis imago,
Cui nomen puer hic quem fero, dulce dedit.
— Quis puer hic ? Christus, — quæ moles tanta gigantis ?
Exigui pueri, cum leve portet onus ?
— Omnibus in speciem parvus puer iste videtur :
Quo tamen est toto majus in orbe nihil.
Hinc opus est animis ut sint et corpore fortes
Qui Christum ferre per ora volunt.
— Cur tamen ingrediens tumidi per marmora ponti
Arborea infestas mole repellis aquas ?
— Per mare, quod calco, perversum intellige mundum
Ille animis præbet sæva pericla piis ;
Arbore nil aliud nisi sanctum intellige verbum ;
Rebus in adversis quod pia corda regit.
Hoc etenim instructi ruimus per saxa, per ignes
Qui Christi meritum, grande docemus opus.

— Qui es-tu ? — Je suis l'image de celui qui confesse le Christ dans la sincérité de son cœur et auquel cet enfant que je porte a donné un doux nom.

— Quel est cet enfant ? — Le Christ.

— A quoi bon cette immense taille de géant pour porter le fardeau léger d'un petit enfant ? — En apparence cet enfant paraît petit à tous les yeux, et cependant dans tout l'univers, il n'y a rien de plus grand que lui ; ainsi doivent être robustes de corps et d'esprit ceux qui veulent être les porteurs du Christ par leur bouche.

— Pourquoi en entrant à travers les rochers d'une mer gonflée par la tempête, repousses-tu les flots enne-

mis avec cet arbre énorme ? — En cette mer que je foule aux pieds, vois le monde pervers ; c'est lui qui suscite aux âmes pieuses les plus redoutables dangers. Dans cet arbre, ne vois pas autre chose que la sainte parole qui dirige les cœurs pieux à travers les adversités. Instruits par elle, nous nous précipitons à travers les rochers, à travers le feu, nous qui enseignons le grand œuvre opéré par le mérite du Christ.

———

Après avoir salué saint Christophe, il est temps de sortir par la porte Nord près de laquelle il est disposé, afin qu'on puisse l'entrevoir plus facilement.

Je demande pardon au lecteur de l'avoir engagé dans cette longue course et surtout de ne lui avoir pas toujours présenté des solutions aussi nettes qu'il pouvait le désirer. Un autre sera peut-être assez heureux pour mettre la main sur des documents qui lui permettront de rectifier quelques-unes de mes assertions et d'expliquer ce que j'ai laissé à l'état d'énigme. Mon intention n'est pas de parler de l'extérieur de la Cathédrale, qui est inachevé : je veux dire un mot seulement de toutes ces figures bourbonnaises qui nous apparaissent du haut des galeries. Bien que leur aspect un peu trop moderne ne s'harmonise pas parfaitement avec le style du xiiie siècle, l'idée qui les a placées là a néanmoins un côté qui mérite d'être apprécié. En effet, poussés par l'esprit essentiellement niveleur et vaniteux de notre époque, nos paysans rejettent au loin leurs vieux costumes et s'empressent de revêtir les habits qui les transformeront en *Messieurs.* Avec les grandes et nobles traditions qui avaient fait notre France si glorieuse et si respectée, disparaît tous les jours la physionomie nationale de nos centres provinciaux. C'est toujours le même principe appliqué à l'architecture : *L'unité dans l'égalité et dans l'uniformité.* Notre Cathédrale aura cet avantage d'avoir recueilli et de conserver les différents types de notre costume bourbonnais, et aussi elle présentera à nos neveux une véritable page d'histoire.

Qu'il nous soit permis, en terminant, de renouveler ici l'effusion respectueuse de notre gratitude la plus vive pour celui qui a contribué si puissamment à l'achèvement de cette église. Commencée par nos ducs il y a près de quatre siècles, que d'efforts persévérants n'a-t-il pas fallu réitérer pour qu'il fût donné à notre génération de la voir terminée !

Espérons que, prenant en considération le nouvel hommage qui lui sera rendu et les sollicitations sans nombre qui lui seront adressées dans un sanctuaire plus vaste, *l'Auxiliatrice des chrétiens, la Dame et la Patrone de la Cathédrale,* par sa merveilleuse intervention, protégera cette ville, protégera ce diocèse contre tous les orages qui nous menacent.

ADDITIONS & RECTIFICATIONS

Page 6. — Façade de la Cathédrale.

Nos lecteurs nous sauront gré de les initier au procédé à l'aide duquel ont été exécutées les planches de cet ouvrage et particulièrement cette façade. Après en avoir pris connaissance, ils pourront mieux apprécier la *rigoureuse exactitude* des représentations qui sont mises sous leurs yeux. On sait que les Architectes pour assurer l'exécution de leurs plans livrent aux constructeurs des dessins de très-grande dimension, sur lesquels figure chaque pierre de l'édifice numérotée, avec la place qu'elle doit occuper. Toutes ces feuilles réunies, M. Vinson les a réduites par les procédés graphiques ordinaires, en un seul dessin de 0,69 sur 0,43. Pour le ramener au format de ce livre, on a employé les procédés récemment inventés par M. Loire : ce dessin a été calqué sur une feuille de papier autographique et transporté sur une pierre lithographique ; une épreuve alors a pu être tirée sur un morceau de caoutchouc tendu également dans tous les sens à l'aide d'un châssis de fer plat. En rendant au caoutchouc sa liberté, on a pu ramener ce dessin de 0,69 sur 0,43 à la dimension de notre format, sans que ses lignes et ses proportions soient altérées en aucune façon. Le travail du dessinateur est devenu au contraire plus serré et plus précieux, et néanmoins pas une des pierres des grands dessins primitifs ne manque à l'appel. Les amateurs prennent cette planche pour une Eau-forte ; mais l'eau-forte qui brille surtout par le sentiment pittoresque, n'aurait jamais donné la rigidité et la précision de la ligne qui sont indispensables dans la reproduction d'un monument.

Page 10. — Note (2).

D'après l'*Ancien Bourbonnais* (1), j'ai parlé (2) du privilège de battre monnaie concédé aux moines de Souvigny par Hugues Capet, qui avait assisté en personne aux funérailles de St-Mayeul ; la charte de concession reproduite en son texte latin par les auteurs de l'ouvrage ci-dessus, qui accordait à Odillon et à ses successeurs le droit de battre pour le compte de l'Eglise de Souvigny des petites pièces portant le nom et l'image dudit confesseur St-Mayeul, paraissait présenter tous les caractères de sincérité. Un intéressant travail de M. Chazaud, archiviste, publié dans le *Bulletin de la Société d'Émulation* de l'Allier, tome XIII, page 526, rectifie cette assertion.

Cette charte avait été imprimée pour la première fois dans le *Recueil des historiens de France*, T. X. p. 565, comme authentique. Confiant dans l'érudition des auteurs de ce recueil, M. Anatole de Barthelemy (3) avoue lui-même qu'il eut le tort de ne pas étudier assez sévèrement le texte qu'il employait (4).

---

(1) Pag. 199 et 200 (1er vol.)
(2) Page 11, note (2).
(3) *Revue numismatique*, nouvelle série, tom. 13, p. 357-364.
(4) Diverses pièces ou diplômes trouvés dans le trésor de Souvigny par le P. André, provincial des Carmes, et dont on n'avait jamais eu avant aucune connaissance, avaient été signalés à

« M. Chazaud, dit-il, dans son excellente *Etude sur la chro-
« nologie des sires de Bourbon*, a établi que cet acte avait
« été composé par le P. André de St-Nicolas, religieux
« carme, prieur du couvent de Moulins, qui fit bon nombre
« de chartes fausses dans un but intéressé, à la fin du XVIIe
« siècle, afin d'établir des indications de parenté entre les
« premiers sires de Bourbon et les Capétiens. L'acte en
« question contient trois mots (*dilectis consanguineis nostris*)
« que je souligne et qui sont le principal motif qui aurait
« inspiré au P. André l'idée de commettre un faux histo-
« rique. »

« Aux motifs présentés par mon savant confrère, M. Cha-
« zaud, pour condamner cet acte, je me permettrai d'ajouter
« quelques arguments qui me frappent au point de vue
« numismatique.

M. de Barthelemy fait d'abord remarquer que le mot *Mallia* qui veut dire *Maille*, c'est-à-dire la moitié d'un denier, serait relativement moderne pour l'époque à laquelle remonterait le diplôme de Hugues Capet.

Il ajoute ensuite que les concessions du droit de frapper monnaie sous les premiers Capétiens lui paraissent fabuleuses, par une excellente raison, c'est qu'à cette époque on n'avait pas besoin dans l'état de la société féodale de recourir au Roi de France pour battre monnaie.

Colbert qui les soumit à Dom Jean Mabillom et à Baluze. Ceux-ci, après les avoir examinés, les declarèrent fausses dans un procès-verbal portant leurs signatures en date du 20 mai 1706. (*Voir les pièces du procès conservées par Baluze*. (Armoires vol. 214, fol. 1 à 14). (Bibliothèque nationale).

Puis recherchant l'origine du monnayage du prieuré de Souvigny, il arrive à cette conclusion qu'on ne battit plus monnaie à Cluny après la fin du XIe siècle ou le commencement du XIIe, et que c'est justement le moment où commence la monnaie de Souvigny ; conformément à ce que M. Chazaud avait deviné en partie.

En terminant, M. de Barthelemy fait observer que le diplôme faux pourrait bien avoir été fabriqué à une époque antérieure au Père André qui n'avait fait que l'interpoler.

M. Chazaud, dans une réponse à M. de Barthelemy, lui fait observer que l'on possède encore « dans les Archives de
« l'Allier, un certain nombre de pièces provenant de Sou-
« vigny, entr'autres le « *Thesaurus Silviniacensis* » recueil
« de tous les titres d'une importance quelconque pour le
« prieuré, exécuté par les soins de M. de Mesgrigny, prieur,
« de 1644 à 1648 . . . . , ...
. . . . . « On y voit par exemple les chartes d'Archem
« baud V (1137 et 1139) où il est fait mention de la mon-
« naie de Souvigny » et un assez grand nombre de pièces
« relatives à ce monnayage . . . . « Est-il supposable, s'é-
« crie M. Chazaud, si le faux diplôme qui ne nous est connu
« que par l'unique témoignage du père André tout seul,
« avait existé dès cette époque, que M. de Mesgrigny, si
« passionné et en même temps si scrupuleusement exact
« dans ses recherches, n'en ait pas eu connaissance, ou que
« le connaissant, il ait négligé de l'insérer dans son *The-
« saurus Silviniacensis*, sans même daigner expliquer pour-
« quoi, pas plus que dans son histoire du prieuré de Sou-
« vigny, restée manuscrite ? et il conclut que le diplôme a
« du être fabriqué dans la 2e moitié du XVIIe siècle par le
« père André.

Il résulte évidemment de toute cette discussion que le diplôme de Hugues Capet, concédant le droit de monnayage au prieuré de Souvigny, n'a jamais existé que par une contrefaçon, et que la monnaie de Souvigny reproduite page 16, ne date réellement que de la fin du XIe siècle ou du commencement du XIIe siècle. A cette époque le souvenir des vertus et des miracles de St-Mayeul était encore si vivant dans le Prieuré où il avait son tombeau justement célèbre (1) par un nombre considérable de faits surnaturels opérés depuis près d'un siècle, qu'on ne saurait s'étonner de voir le nom et l'image du saint sur les différents types de ces monnaies, recherchées par les amateurs.

Page 14.

Ajouter à la note du bas de la page : Sa statue est de *Pascal Michel-François.*

Page 47. — Note (2).

Il est question de Guillaume de Marseille (*Guglielmo da Marcilla* que Vasari, Adolphe Siret et beaucoup d'autres auteurs font naître à Marseille. D'après une note qui m'a été fournie pendant le cours de cette publication par M. Léon Palustre, directeur de la Société française d'Archéologie, Guillaume, dit le *frère Guillaume,* serait né à St-Mihiel (Meuse).

Page 71. — Cinquième ligne.

C'est également le souvenir du lavement des mains de Pilate.

---

(1) Voir les *Antiquités du Prieuré de Souvigny* par Sebastien Marcaille (1 vol. in-12). Moulins, Vernoy, 1610.

Page 93.

A la suite de la note du bas : Rome 1584, lisez : page 99 du livre de *Gallonius*.

Page 97. — Deuxième ligne.

Lisez : au milieu d'une auréole.

Page 119. — A la dixième ligne.

Au lieu d'*Hérodiade*, lisez : *Salomé*.

Page 119. — A la vingtième ligne.

Au lieu du *Chœur*, lisez : *Chevet* de la Collégiale.

Page 190.

A cette page, le texte de *Mérimée*, tiré de *ses notes d'un voyage en Auvergne*, page 385, est reproduit très-exactement. Il a commis une erreur, en désignant comme mari d'*Anne de France*, *Pierre I*[er], duc du Bourbonnais ; c'est *Pierre II*, qu'il faut lire.

Page 195. — A la dernière ligne.

Lisez *Corona*, au lieu de *Coronus*.

TABLE DES MATIÈRES

(Les chiffres indiquent le numéro de la page.)

	Pages
Avant-Propos.	I
Aspect général.	
Parvis, tours et façade principale.	1
Les peintures du porche.	17
L'intérieur de la cathédrale	26
La Collégiale.	38
Les nefs, le triforium.	26
Les vitraux de la Collégiale	46
N° 1. Vitrail de Sainte-Catherine et des ducs de Bourbon	58
N 2. Vitrail du Christ en croix.	70
3. Id. de la Sainte-Vierge, saint Pierre et sainte Barbe.	75

Pages.

Nº 4. *Id.* de l'Arbre de Jessé, de sainte
Anne et de saint Joachim. 83
Nº 5. Premier vitrail de l'Église militante et
triomphante, *les Martyrs*. 89
Nº 6. Deuxième vitrail de l'Église militante et
triomphante, *les Croisés*. 97
Nº 7. Vitrail de la Sainte-Vierge, saint Jean-
Baptiste et saint Jean l'Évangéliste. . . . 101
Nº 8. Vitrail de sainte Barbe. 106
   9. *Id.* de sainte Marie-Madeleine. 108
  10. *Id.* du Jugement dernier. 112
  11. *Id.* de saint Jean-Baptiste et saint
Jean l'Évangéliste. 115
Nº 12. Vitrail de sainte Élisabeth. 120
  13, 14, 15, Vitrail de la mort de la Sainte-
Vierge. 122

LES FONDATIONS DANS LA COLLÉGIALE.

Les Confréries, les noms des anciennes chapelles. 133
Vicairies, 138 ; Confrérie et chapelle de saint
Eutrope, 139 ; chapelle de saint *Hubert*,
141 ; Confrérie et chapelle de saint *Nicolas*, 141 ; chapelle de saint *Martin*, 142 ;
Confrérie de *Notre-Dame*, 144 ; chapelle
de saint *Michel*, 144 ; autel de saint *Jean*,
146 ; Confrérie de sainte *Geneviève*, 147 ;
chapelle du *Saint-Esprit*, 147 ; Confrérie de saint *Jacques*, 149 ; chapelle de

Pages.

l'*Annonciation*, 150 ; autel et Confrérie de *Mibounet* et la chapelle de sainte *Geneviève*, 152.

LES CHAPELLES ACTUELLES 158

 A. Chapelle saint *Louis*. 158
 B. *Id.* de saint *Nicolas*. 160
 C. *Id.* de la *Sainte-Vierge*, la Vierge noire 162
 D. *Id.* du *Sacré-Cœur*. 188
 E. *Id.* de sainte *Anne*, le tryptique. . . 189
 F. *Id.* des *Reliques*. 200

  1º Celles de Notre-Seigneur Jésus-Christ. . . 201
  2º Celles des saints, disposées d'après l'ordre du Martyrologe romain. Janvier, 204 ; février, 206 ; mars, 208 ; avril, 211 ; mai, 213 ; juin, 216 ; juillet, 218 ; août, 221 ; septembre, 223 ; octobre, 226 ; novembre, 228 ; décembre, 231.
  3º Celles qui sont placées sur le maître-autel 233
  4º La relique insigne de la vraie Croix. . . . 234

 G. Chapelle de *Benoît-Joseph Labre*, ses reliques, son séjour à Moulins. 235
 H. Chapelle de sainte *Thècle*. 249

LES ÉPAVES DE LA RÉVOLUTION DANS LA CATHÉDRALE DE MOULINS. 250

 Les démolisseurs. 250
 La Nativité de P. Parrocel. 253

	Pages.
La Sainte-Vierge de Sept-Fonds. . . . . , . . .	255
Le Tombeau.	257
Les cloches, I.	259
Les cloches, II.	263

SAINT CHRISTOPHE 266

ADDITIONS ET RECTIFICATIONS 279

TABLE

DES NOMS CONTENUS DANS CET OUVRAGE.

A

Adam, 72.
Adrien V, 58.
Agnès de Bourbon, 62, 135.
Aladane, 187.
Allier (rue d'), 142.
Ambroise (saint), 71.
Amiens (Cathédrale d') 2, 5.
André (saint), apôtre, 234.
André (carme), 280, 282
Anne (sainte), 68, 83, 85, 86, 87, 189, 198.
Anne de France, 56, 68, 69, 122, 124, 190, 198, 284.
Annonciation, 150, 151, 200.

Antoine (saint), 105.
Archembaud Ier, 21.
Archembaud V, 282
Aristodême, 103.
Aubery ou Aubry, de 154 à 157, 186.
Aubineau (Léon), 238, 240.
Aumaistre, 151.
Avermes, 260.
Avisoles (seigneur d'), 143.

B

Baluze, 281.
Barbe (sainte), 75, 76, 79, 81, 106, 107, 108, 137, 180.
Barbon, 61.
Barle (de), 111.
Baptaudier, 187.

Baronnat, 80.
Barpanther, 84, 85.
Barthélemy (Anatole de), 280 à 282.
Bathilde (sainte), 11.
Beaunay (seigneur de), 148.
Benoît (saint), 234.
Benvenuto Cellini, 184.
Berger, 187.
Bernard (saint), 234.
Bertine, 143.
Berardus, 58.
Billard, 136.
Blot (de), 187.
Bonnay (de), 187.
Bonnet (saint), 160.
Boudant, 163, 179.
Bouchard, 136.
Bougarel, 187.
Bourbon (cardinal de), 111.
Bourdichon, 56.
Bourges, 49.
Brinon (de), 148, 187.
Bricon, 61.
Brisson, 261, 263.
Broc (du), 261, 263.
Brunet d'Evry, 260.
Burnin, 61.
Buttaut Depoux, 244.

C

Cadier, 59, 78, 79, 80, 107, 145, 154, 157.
Carmes, 178.
Catherine (sainte), 51, 57, 58, de 62 à 69.
Catherine d'Armagnac, 62, 67.
Caumont (de), 43.
Cedon, 109.
Chabbas, 155, 186.
Chabé (seigneur de), 261.
Châlons-sur-Marne, 6.
Chamardon (seigneur de), 148.
Chambon, 191.
Champfeu (de), 261, 263.
Chappus, 152.
Charbonnier, 152, 153.
Charles Ier, 62, 135.
Charles II, 67, 74.
Charlemagne (saint), 66.
Charles de Montpensier 69, 76, 77, 80, 124.
Chartres, 5, 6, 49, 267.
Chauveau, 61.
Chazaud, v, 52, 59, 60 281, 282.

Chenillon, 9.
Childéric, 11, 12.
Christophe (saint), de 266 à 275.
Claude (saint), 152.
Clément VII, antipape, 60, 133.
Clément VIII, 152.
Clermont, 136.
Clotaire III, 11.
Cluny, 58, 282.
Colas, 264.
Colbert, 281.
Conny, v, 261, 263.
Cordier, 144, 145.
Cornut, 61.
Corroyerie (rue de la) 139.
Coste de la Messelière, 264.
Coutances, 6.
Craton, 117.
Crépy (seigneur de), 261.
Croissant, 152.
Cyres (seigneur de), 148.

D

Daguin, 262.
David (le roi), 19, 84, 85.
Dèce (empereur), 273.
Delorme de Beauregard, 140.
Demourgues, 189.
Denechau, 12.
Denuelle, 22.
Derisaux, 152.
Desrosiers, 38, 163, 169, 260.
Devillenaud, 263.
Domitien, 116, 146.
Dreux-Brézé (Mgr de), 9, 36, 201, 235.
Dufour, 75, 131.
Durand (Hippolyte), 161.
Durer (Albert), 55, 56.
Duval, 139.

E

Ebroin, 11, 12.
Elisabeth (sainte), 120, 141.
Emmanuel, 24.
Epiphane, 71.
Eusèbe, 94.
Eutrope (saint), 134, 139, 140, 145.
Eyck (Jean van), 198.

F

Fabrice (de), 264.
Fabry, 163.
Fanjou, 245, 247.
Florence, 252, 267.
Fouquet, 56.
Fra Angelico, 20
François Ier, 68, 185.
François de Sales (saint), 111.
Fromanger, 10, 11
Frottier, 264.

G

Gallonius, 93, 94, 284.
Garibaldi, 261.
Garraud, 162, 173, 175, 177.
Gaudran, 12, 13.
Geneviève (sainte), 147, 152, 157, 189.
Ghirlandaïo, 57, 190, 197.
Giancourt (seigneur de), 148.
Gibelot, 61.
Gilbert (saint), 10, 160.
Gilles (saint), 179.
Giraud, 153.
Glaire, vi.
Grandnom, 263.
Grange (seigneur de la), 261.
Greland, 61.
Griffet de Labaume.
Gueulette (Mgr), 179.
Guéranger (Dom), 71.
Guet (seigneur du), 148.
Guillaume de Marseille, 47, 36, 283.
Guilhouet, 156.

H

Henri IV, 152.
Hérode, 102, 103, 118.
Hérodiade, 102, 119, 28,
Heulhard, 264.
Horace, 239.
Hubert (saint), 141.
Hugues Capet, 11, 58, 280, 283.
Hurel, 161.

I

Isaïe, 23, 24.
Iseure, 60, 140, 152.

J

Jacobins (les), 178, 194.
Jacquemard, 1.
Jacques-le-Majeur (saint), 149, 234.
Janet, 138.
Jean-Baptiste (saint), 62, 66, 101, 102, 103, 115, 116, 118, 188.
Jean l'Évangéliste (saint), 18, 70, 74, de 101 à 104, de 113 à 118, 121, 146, 187, 235, 257, 258.
Jean Chrysostôme (saint), 71.
Jean II. 38, 62, 66, 78.
Jean Damascène (saint), 85.
Jessé, 23, 83 à 85.
Jésus-Christ (Notre-Seigneur), de 17, à 19, de 70 à 74, 83, 109, 113, 128, 159, 182, 188, 201, 257.
Jésus (enfant), 8, 23, 81, 83, 162, 164, 166, 184, 185, 195, 254.

Joachim (saint), de 83 à 88, 183.
Jolimont (de), 40, 170,
Jolivette (seigneur de la), 151.
Joseph (saint), 84, 183, 185, 189, 254.
Joseph d'Arimathie (saint), 258.
Jules, 94.

L

Labre (bienheureux Benoît), 141, 235 à 248.
Lachesnaye, 80.
Laleu (seigneur de), 261.
Lambertus, 58.
Lameire, 22, 23, 83.
Lapalisse (marquis de), 260.
Laqueilhe, 61.
Lassus, 31, 148.
Laval (Jeanne de), 192.
Lazare (saint), 109.
Lécluse (seigneur de), 143.
Léger (saint), 11 12.
Léon Ier, 37.

Lesueur (Eustache), 255.
Lévy, 85.
Limoges, 38.
Lingendes, 156, 157
Louant (de), 151.
Louis-Philippe, 16.
Louis XIII, 150, 179.
Louis XIV, 150, 179.
Louis XI, 67, 68.
Louis II, 59, 60, 134, 139, 143.
Louis (saint), 158, 159, 234.
Louis-le-Gros, 10.
Lourdes, 161.
Luc (saint), 182, 235.
Lyon, 38.

M

Mabillom (Dom), 281.
Malcoiffée (la), 1.
Marburg, 120.
Marc (saint), 235.
Marc-Antoine, 132.
Marie-Madeleine (sainte), de 108 à 114, 114, 257,
Maitre (le), 262, 263.
Marcaille, 283.

Mariette, 254.
Marthe (sainte), 109.
Martin (saint), 138, 142, 143.
Massart, 189.
Mathan, 84.
Mathieu (saint), 84, 181, 182, 235.
Matille, 109.
Maurice, évêque, 60, 61.
Maxime, 94.
Maximin, 109.
Maximin (empereur), 63, 64.
Mayeul (saint), de 10 à 12, 16, 280
Méchin, 122.
Melchi, 85.
Memling, 198.
Menoux (saint), 13.
Mérimée, 42, 52, 162, 190, 191.
Mesgrigny (le Père de), 282.
Mibounet ou Mibonnet, 147, 152, 153, 154, 157.
Michel (saint), 19, 139, 141, 144, 145, 260.
Milan, 268.

— 295 —

Millet, 5, 7, 23, 29, 34, 36.
Montjournal (de), 261, 263.
Moret, 241, 245.
Monchenin (seigneur de), 148.
Montaigu (place de), 139.
Montégut, 41, 42, 89.
Montfand (seigneur de), 151.
Montjournal (de), 187.
Montmorency, 162, 173, 176.
Moreau, 35.
Mosch (Jean), 114.

N

Nantes, 6.
Napoléon Buonaparte, 264.
Nevers, 6, 267.
Nibby, 37
Nicodème, 72, 258.
Nicolas (saint), 134, 139, 141, 142, 160.
NOTRE-DAME, 8, 60, 144.
NOTRE-DAME DE LA SALETTE, 260.
Nourry (de), 134.

O

Odile ou Odillon (saint), 10, 12.
Offerro. 269 à 272.
Ogier, 152.
Onufre (saint), 65.
Orcagna, 20.
Origène, 71, 76.
Orléans, 6.
Orvilliers (d'), 157.

P

Palierne, 143.
Panther, 84, 85.
Paris, 2, 6, 267.
Parrocel, 187, 250, 253, 254, 255.
Pascal (Michel), 283.
Paul (saint), 9.
Paule (sainte), 234.
Pèlerin, 94.
Pérot, 57.
Perréal, 56.
Petin, 239.
Pétronille (sainte), 10.
Pie IX, 251.
Pierpont (de), 143

Pierre (saint), 9, 37, 75, 76, 80, 129, 180, 190, 197, 234.
Pierre II, 56, 68, 69, 76, 80, 122, 124, 190, 197, 284.
Pilon (mont), 111.
Pitet, 61.
Plaix (seigneur du), 151.
Poissonnat, 61.
Pollaiolo, 267.
Ponce, 40.
Pons (Mgr de), 9, 122, 130.
Pourçain (saint), 13, 14
Prots (seigneur des), 148.
Prost, 152.

R

Ramée (Daniel), 4.
Raphaël, 132.
Reims, 2, 5, 115.
Réné (le roi), 192.
Ripoud, 187.
Rivelle, 245.
Robert de Genève, antipape, 60.
Robin (Jean), 61.
Roboam, 84.

Rochefort (de), 149.
Rome, 65, 239.
Rosalie (sainte), 171.
Rouen, 6.
Roux, 160, 161, 264.

S

Saba (reine de), 72.
Sabatius, 94.
Sacré-Cœur, 188.
Sainte-Baume, 110.
Sainte-Chapelle de Paris, 49, 235.
Sainte-Chapelle de Bourbon, 38.
Sainte-Chapelle de Riom, 38
Saint-Esprit (chapelle du), 147, 149, 181, 182, 188.
Salomé, 102, 103, 284.
Salomé, mère de saint Jean, 258.
Salomon (roi), 72, 73.
Salomon, 84.
Samaritaine (la), 159.
Saulnier, 61.
Sebald (hans de Beham), 107.

Sébastien (saint), 94.
Sébastien de Ravenne, 132.
Seganges (seigneur de), 145.
Segoing, 80.
Semyn, 136.
Sept-Fonds, 164, 240, 250, 256.
Seth, 72.
Sigivald, 13.
Sigougne (rue de la), 136.
Simon-le-Lépreux, 109.
Siret, 255, 283.
Solis (Virgile), 107.
Soultrait (comte de), 78.
Souvigny, 58, 281.
Strasbourg, 5, 267.
Suzanne de Bourbon, 69, 124, 190, 198.

T

Thayer, 239.
Thècle (sainte), 141, 249.
Théophile (moine), 49.
Thibaut, 123.
Thierry, 11, 13.
Thomas, 61.
Thomas, 159, 160.
Thounin ou Thonnin (seigneur de), 141.
Tigny (de la), 263.
Toissier, 260.
Toulon, 152.
Tours, 6.
Tudot, 148.
Turpin (Dom), 59, 137, 139, 144, 146, 147, 178.

V

Vallières (seigneur de), 144.
Val-de-Gallié (seigneur du) 148.
Vasari, 283.
Vasselot, 80.
Veauce (seigneur de), 79.
Vemmart (seigneur de), 148.
Venise, 268.
Vernin, 61.
Veuillot (Louis), 23.
Vincent, 94.

Vinci (Léonard de), 65.
Vinson, VI, 279.
VIERGE (LA TRÈS-SAINTE), 8, 18, 19, 23, 24, 60, 68, 74, 75, 79, 81, 83, 101, 102, 108, 113, 115, 122, 124, 125, 130, 157, 159, 162, 164, 166, 180, 183, 184, 187, 195, 253, 255 à 259.

Viollet-le-Duc, 2, 181.

W

Wigo, 58.
Wilhelmus, 58.

www.ingramcontent.com/pod-product-compliance
Lightning Source LLC
Chambersburg PA
CBHW071345150426
43191CB00007B/858